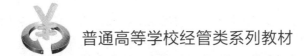

普通高等学校经管类系列教材

企业财务会计学习指导

主　审　王　辉
主　编　耿艳军
编写人员（以姓氏笔画为序）
　　　　王旗红　张竹云
　　　　耿艳军　贾海峰

中国科学技术大学出版社

内 容 简 介

本书是与《企业财务会计》(高克智主编)配套的学习指导书。全书结构与教材同步,即分为14个项目,每个项目包括学习指导与知识训练两部分内容。学习指导是对每一个项目内容的概括,包括学习重点与难点剖析、重要概念的理解与运用等;知识训练以传统的习题形式呈现,题型与会计职称考试题型基本一致。

本书不仅适用于高等职业院校财务会计类专业的教学,也适用于财会人员的自学与培训。

图书在版编目(CIP)数据

企业财务会计学习指导/耿艳军主编. ——合肥:中国科学技术大学出版社,2023.1
ISBN 978-7-312-05567-6

Ⅰ. 企… Ⅱ. 耿… Ⅲ. 企业会计—财务会计—教学参考资料 Ⅳ. F275.2

中国国家版本馆 CIP 数据核字(2023)第 005363 号

企业财务会计学习指导
QIYE CAIWU KUAIJI XUEXI ZHIDAO

出版	中国科学技术大学出版社 安徽省合肥市金寨路 96 号,230026 http://press.ustc.edu.cn https://zgkxjsdxcbs.tmall.com
印刷	安徽省瑞隆印务有限公司
发行	中国科学技术大学出版社
开本	787 mm×1092 mm 1/16
印张	9.25
字数	231 千
版次	2023 年 1 月第 1 版
印次	2023 年 1 月第 1 次印刷
定价	25.00 元

前　言

"企业财务会计"是面向企业财务会计岗位开发的课程，它以财务会计理论为基础，以《企业会计准则》为依据，系统阐述了会计事项的确认、计量、记录和报告，是会计类专业的核心课程。为了提高本课程的学习效率，增强学习效果，强化学生的综合业务素质并培养学生的实际操作能力，我们组织编写了《企业财务会计学习指导》。

本书以安徽工商职业学院会计学院制定的《"企业财务会计"课程标准》为依据，参考会计专业技术资格考试大纲编写而成。全书共分为14个项目，每个项目都包括学习指导和知识训练两部分。学习指导部分为编者自身教学体会和教学经验的总结，包括学习重点与难点剖析、重要概念的理解与运用、建议学习方法以及编者认为必要的内容；知识训练部分以传统的习题形式呈现，习题量大，涉及面宽，内容全面，也有部分提高性的题目。本书是学生学习《企业财务会计》教材的辅助练习材料，也为学生的自学提供了方便。教师可根据教学计划的安排以及学生对教材内容理解的程度，有选择性地挑选一些题目布置作业。

本书还是安徽省省级教学团队(会计教学团队)、省级特色专业、省级示范实习实训中心及中央财政支持提升专业服务能力(会计专业)等建设项目的阶段性成果，由王辉策划，耿艳军担任主编。参加编写的人员有张竹云(项目一、二)、王旗红(项目三、五、十、十一)、耿艳军(项目四、六、十二、十三)、贾海峰(项目七、八、九、十四)。全书由耿艳军统稿，王辉主审。

由于编者时间和水平有限，书中难免存在疏漏和不足之处，恳请广大读者批评指正。

编　者

前 言

目 录

前言 ·· (ⅰ)
项目一　财务会计概述 ·· (1)
项目二　货币资金 ·· (6)
项目三　应收及预付款项 ··· (12)
项目四　存货 ·· (22)
项目五　固定资产 ·· (34)
项目六　无形资产 ·· (45)
项目七　投资性房地产 ·· (54)
项目八　金融资产 ·· (68)
项目九　长期股权投资 ·· (82)
项目十　流动负债 ·· (90)
项目十一　非流动负债 ·· (97)
项目十二　所有者权益 ·· (103)
项目十三　收入、费用和利润 ··· (112)
项目十四　财务报告 ··· (135)
参考文献 ··· (142)

项目一　财务会计概述

学 习 指 导

一、财务报告的目标

财务报告的目标主要包括向财务报告使用者提供对决策有用的信息和反映企业管理层受托责任的履行情况。

二、会计基本假设

财务会计主要包括会计主体、持续经营、会计分期和货币计量四个基本假设。会计主体界定了会计核算的空间范围。在会计分期假设下，会计核算应划分为会计期间、分期结算账目和编制财务报告。会计期间分为年度和中期，均按公历起讫日期确定，中期是指短于一个完整的会计年度的报告期间。会计的确认、计量和报告应当以权责发生制为基础。

三、会计信息质量要求

财务报告中所提供的会计信息应当符合以下质量要求：
可靠性：实际发生，如实反映，真实可靠，内容完整。
相关性：与财务报告使用者经济决策需要相关。
可理解性：清晰明了，便于理解使用。
可比性：横向、纵向可比。
实质重于形式：经济实质重于法律形式，最典型的是售后回购。
重要性：反映所有重要的交易或者事项（按性质、金额大小）。
谨慎性：不高估资产、收益，不低估负债、费用，不允许设置秘密准备。
及时性：不提前或者延后。

四、会计要素的概念及确认条件

会计要素分为反映企业财务状况的会计要素（资产、负债和所有者权益）和反映企业经营成果的会计要素(收入、费用和利润)。每一项会计要素只有在符合定义并满足规定的确认条件时,才能予以确认,具体反映在财务报表中。

企业应当严格区分收入和利得、费用和损失之间的区别,以更加全面地反映企业的经营业绩。收入和利得、费用和损失之间最明显的区别在于:收入和费用是在日常活动中形成的,而利得和损失源于非日常活动。利得和损失可能直接计入所有者权益(其他综合收益),也可能先计入当期损益(营业外收入、营业外支出等),最终影响所有者权益。

五、会计计量属性

会计计量属性主要包括历史成本、重置成本、可变现净值、现值和公允价值等。企业对会计要素进行计量时,一般应当采用历史成本。按规定采用其他计量属性时,应当确保相关金额能够取得并可靠计量。

知 识 训 练

一、单项选择题

1. 下列项目中,不属于财务报告目标的是(   )。
   A. 向财务报告使用者提供与企业财务状况有关的会计信息
   B. 向财务报告使用者提供与企业经营成果有关的会计信息
   C. 反映企业管理层受托责任履行情况
   D. 反映国家宏观经济管理的需要

2. 确立会计核算空间范围所依据的会计基本假设是(   )。
   A. 会计主体   B. 持续经营
   C. 会计分期   D. 货币计量

3. 企业会计的确认、计量和报告的会计基础是(   )。
   A. 收付实现制   B. 权责发生制
   C. 永续盘存制   D. 定期盘存制

4. 依据企业会计准则,下列有关费用和损失的表述中,正确的是(   )。
   A. 费用源于日常活动,损失也可能源于日常活动
   B. 费用会影响利润,损失也一定会影响利润
   C. 费用源于日常活动,损失源于非日常活动
   D. 费用会导致所有者权益的减少,损失不一定会导致所有者权益的减少

5. 下列各项中,不符合资产会计要素定义的是(   )。
   A. 发出商品   B. 盘亏的固定资产
   C. 委托加工物资   D. 尚待加工的半成品

6. 下列关于会计要素的表述中,正确的是(　　)。
   A. 负债的特征之一是企业承担潜在义务
   B. 资产的特征之一是预期能给企业带来经济利益
   C. 利润是企业一定期间内收入减去费用后的净额
   D. 收入是所有导致所有者权益增加的经济利益的总流入
7. 下列各项中,属于反映企业经营成果的会计要素是(　　)。
   A. 收入　　　　　　　　　　B. 资产
   C. 负债　　　　　　　　　　D. 所有者权益
8. 会计核算上将售后回购不确认收入所反映的会计信息质量要求是(　　)。
   A. 实质重于形式　　　　　　B. 谨慎性
   C. 相关性　　　　　　　　　D. 及时性
9. (　　)是指市场参与者在计量日发生的有序交易中,出售一项资产所能收到或者转移一项负债所需支付的价格。
   A. 现值　　　　　　　　　　B. 可变现净值
   C. 公允价值　　　　　　　　D. 历史成本
10. 强调某一企业各期提供的会计信息应当采用一致的会计政策而不得随意变更的会计信息质量要求是(　　)。
    A. 可靠性　　　　　　　　　B. 可比性
    C. 相关性　　　　　　　　　D. 可理解性
11. 企业对交易或者事项进行会计确认、计量和报告应当保持应有的谨慎,不应高估资产或者收益、低估负债或者费用,所反映的是会计信息质量要求中的(　　)。
    A. 重要性　　　　　　　　　B. 实质重于形式
    C. 谨慎性　　　　　　　　　D. 及时性

二、多项选择题

1. 财务会计是(　　)。
   A. 以会计准则为依据　　　　B. 以货币计量为主要量度单位
   C. 以财务报告为主要形式　　D. 一项管理活动
2. 关于资产,下列说法中正确的有(　　)。
   A. 企业过去的交易或者事项包括购买、生产、建造行为等其他交易或者事项
   B. 由企业拥有或者控制,是指企业享有某项资源的所有权,或者虽然不享有某项资源的所有权,但该资源能被企业所控制
   C. 符合资产定义和资产确认条件的项目,应当列入资产负债表;符合资产定义,但不符合资产确认条件的项目,不应当列入资产负债表
   D. 预期在未来发生的交易或者事项也会形成资产
3. 关于负债,下列说法中正确的有(　　)。
   A. 负债是指企业因过去的交易或者事项形成的、预期会导致经济利益流出企业的现时义务和潜在义务

B. 符合负债定义和负债确认条件的项目,应当列入资产负债表;符合负债定义,但不符合负债确认条件的项目,不应当列入资产负债表

C. 现时义务是指企业在现行条件下已承担的义务

D. 未来发生的交易或事项形成的义务,不属于现时义务,不应当确认为负债

4. 以下表述错误的有( )。

A. 费用导致经济利益的流出,其结果是所有者权益减少

B. 损失导致经济利益流出,属于会计准则定义的费用

C. 利得导致经济利益流入,但是不属于会计准则定义的收入

D. 营业成本属于费用,期间费用属于损失

5. 下列项目中,属于所有者权益项目的有( )。

A. 所有者投入的资本　　　　B. 直接计入所有者权益的利得和损失

C. 留存收益　　　　　　　　D. 直接计入当期损益的利得和损失

6. 可靠性要求( )。

A. 企业应当以实际发生的交易或者事项为依据进行会计确认、计量和报告

B. 如实反映符合确认和计量要求的各项会计要素及其他相关信息

C. 保证会计信息真实可靠、内容完整

D. 企业提供的会计信息应当清晰明了,便于财务会计报告使用者理解和使用

7. 可比性要求( )。

A. 企业提供的会计信息应当具有可比性

B. 同一企业不同时期发生的相同或者相似的交易或者事项,应当采用一致的会计政策,不得随意变更

C. 不同企业发生的相同或者相似的交易或者事项,应当采用规定的会计政策,确保会计信息口径一致、相互可比

D. 企业对于已经发生的交易或者事项,应当及时进行会计确认、计量和报告,不得提前或者延后

8. 下列关于会计要素的表述中,正确的有( )。

A. 资产的特征之一是预期能给企业带来经济利益

B. 负债的特征之一是企业承担现时义务

C. 利润是企业一定期间内收入减去费用后的净额

D. 费用是所有导致所有者权益减少的经济利益的总流出

9. 会计要素计量属性有( )。

A. 历史成本　　　　　　　　B. 可变现净值

C. 货币计量　　　　　　　　D. 公允价值

10. 财务报告的目标是向财务报告使用者提供与( )有关的会计信息。

A. 企业财务状况　　　　　　B. 企业经营成果

C. 企业现金流量　　　　　　D. 企业管理者品质

三、判断题

1. 我国企业的财务报告目标仅是向财务报告使用者提供对决策有用的信息。（ ）
2. 损失是指企业在非日常活动中发生的、会导致所有者权益减少的、与向所有者分配利润无关的经济利益的总流出。（ ）
3. 企业取得收入和发生费用，不一定会导致所有者权益发生变化。（ ）
4. 企业在对会计要素进行计量时，一般应当采用历史成本，采用重置成本、可变现净值、现值、公允价值计量的，应当保证所确定的会计要素金额能够取得并可靠计量。（ ）
5. 谨慎性，一般是指对可能发生的损失和费用应当合理预计，对可能实现的收益不预计，但对很可能实现的收益应当预计。（ ）
6. 留存收益是企业历年实现的净利润留存于企业的部分，主要包括资本公积和未分配利润。（ ）
7. 利得和损失一定会影响当期损益。（ ）
8. 收入只有在经济利益很可能流入从而导致企业资产增加或者负债减少，且经济利益的流入额能够可靠计量时才能予以确认。（ ）
9. 企业在一定期间发生亏损，则企业在这一会计期间的所有者权益一定减少。（ ）
10. 企业预期的经济业务所将发生的债务，应当作为负债处理。（ ）

项目二 货币资金

学习指导

一、货币资金的构成

货币资金主要包括库存现金、银行存款和其他货币资金。

二、货币资金管理与控制

企业应当严格遵守国家有关现金管理制度，正确进行现金收支的核算，监督现金收支的合法性与合理性。银行存款的收付也应严格执行银行结算制度的规定。

三、支付结算方式

适用于国内转账的结算方式包括票据结算方式、信用卡及其他结算方式。票据结算方式包括银行汇票、银行本票、支票和商业汇票等。其他结算方式包括汇兑、托收承付、委托收款等。国际结算方式有三种，即信用证、托收和汇付。

四、库存现金的核算

企业应当设置现金总账和现金日记账，分别进行库存现金的总分类核算和明细分类核算。企业应当按照规定采用实地盘点法进行现金的清查，如果账实不符，发现有待查明原因的现金短缺或溢余，应先通过"待处理财产损益"科目核算，按管理权限报经批准后，分情况处理。

五、银行存款的核算

企业应当设置银行存款总账和银行存款日记账，分别进行银行存款的总分类核算和明细分类核算。银行存款日记账应当定期与银行对账单核对，两者之间如有差额，应编制"银行存款余额调节表"调节相符，如没有记账错误，调节后双方余额应相等。

六、其他货币资金的核算

其他货币资金主要包括银行汇票存款、银行本票存款、信用卡存款、信用证保证金存款、存出投资款、外埠存款等。

知 识 训 练

一、单项选择题

1. 根据《现金管理暂行条例》规定,下列经济业务中,一般不应用现金支付的是( )。
   A. 支付职工奖金 8 000 元
   B. 支付零星办公用品购置费 950 元
   C. 支付物资采购货款 1 900 元
   D. 支付职工差旅费 500 元
2. 企业销货后收到的银行汇票,应借记( )科目。
   A. 其他货币资金　　　　　　　B. 银行存款
   C. 应收票据　　　　　　　　　D. 库存现金
3. 企业现金清查中发现的无法查明原因的现金短缺,应该计入( )科目。
   A. 管理费用　　　　　　　　　B. 营业外支出
   C. 其他应收款　　　　　　　　D. 其他应付款
4. 企业一般不得从本单位的现金收入中直接支付现金,因特殊情况需要支付现金的,应事先报经( )审查批准。
   A. 本企业单位负责人　　　　　B. 上级主管部门
   C. 开户银行　　　　　　　　　D. 财税部门
5. 下列各项中,不通过"其他货币资金"科目核算的是( )。
   A. 信用证保证金存款　　　　　B. 备用金
   C. 信用卡存款　　　　　　　　D. 银行本票存款
6. 企业现金清查中,发现库存现金较账面余额短缺 50 元,在未查明原因之前,应借记的会计科目是( )。
   A. 待处理财产损益　　　　　　B. 营业外支出
   C. 其他应收款　　　　　　　　D. 管理费用
7. 企业将款项汇往外地开立采购专用账户时,应借记的会计科目是( )。
   A. 材料采购　　　　　　　　　B. 在途物资
   C. 预付账款　　　　　　　　　D. 其他货币资金
8. 对银行已经收款而企业尚未入账的未达账项,企业应做的处理为( )。

A. 以"银行对账单"为原始记录将该业务入账

B. 根据"银行存款余额调节表"和"银行对账单"自制原始凭证入账

C. 在编制"银行存款余额调节表"的同时入账

D. 待有关结算凭证到达后入账

9. 企业的职工薪酬现金的支取,只能通过( )。

A. 基本存款账户 B. 一般存款账户

C. 临时存款账户 D. 专用存款账户

10. 下列岗位中,出纳人员可以兼任的是( )。

A. 会计档案保管 B. 应收账款明细账的登记

C. 固定资产明细账的登记 D. 财务费用明细账的登记

11. 允许企业保留的库存现金限额一般不得超过本单位( )天正常零星开支需要量。

A. 2～3 B. 3～5

C. 5～10 D. 5～15

12. 现金清查一般采用( )。

A. 实地盘点法 B. 技术推算法

C. 账目核对法 D. 任何一种方法

13. 清查银行存款的基本方法是( )。

A. 实地盘点法 B. 技术推算法

C. 账目核对法 D. 任何一种方法

14. 支票的有效提示付款期为( )。

A. 3天 B. 5天

C. 10天 D. 15天

15. 下列不属于其他货币资金的是( )。

A. 银行汇票存款 B. 商业承兑汇票

C. 信用卡存款 D. 银行本票存款

二、多项选择题

1. 下列项目中,属于货币资金的有( )。

A. 库存现金 B. 银行存款

C. 其他货币资金 D. 应收票据

2. 下列未达账项中,会导致银行存款对账单金额小于银行存款日记账金额的有( )。

A. 银行收到委托款项但尚未通知企业

B. 企业已收但尚未存入银行的转账支票

C. 企业已开出但银行尚未兑付的支票

D. 银行划付电话费但未将通知单送达企业

3. 下列经济业务可以用现金结算的有（　　）。
   A. 支付职工薪酬 400 000 元
   B. 企业职工出差预借差旅费 20 000 元
   C. 购买办公用品 280 元
   D. 支付购料款 200 000 元
4. 下列各项中,属于其他货币资金的有（　　）。
   A. 银行汇票存款　　　　　　　B. 信用证保证金存款
   C. 信用卡存款　　　　　　　　D. 银行本票存款
5. 在我国,与现金有关的管理规定包括（　　）。
   A. 规定现金的使用范围　　　　B. 核定库存现金限额
   C. 严禁私设小金库　　　　　　D. 不得白条抵库和套取现金
6. 根据货币资金内部会计控制规范,出纳员不得监管（　　）。
   A. 现金、银行存款日记账的登记工作
   B. 费用、收入账簿的登记工作
   C. 债权、债务账簿的登记工作
   D. 稽核工作
7. 银行存款账户分为（　　）。
   A. 基本存款账户　　　　　　　B. 一般存款账户
   C. 临时存款账户　　　　　　　D. 专用存款账户
8. 下列项目中,属于现金内部控制措施的有（　　）。
   A. 不允许单独一人自始至终处理一笔收支业务
   B. 有关印鉴不能集中由出纳员保管
   C. 建立收据和发票的领用制度
   D. 建立定期核对账目和盘点制度
9. 一般来说,货币资金的管理和控制应当遵循的原则是（　　）。
   A. 严格职责分工　　　　　　　B. 实行交易分开
   C. 实施内部稽核　　　　　　　D. 实施定期轮岗制度

三、判断题

1. 企业银行存款的账面余额与银行对账单余额因未达账项存在差额时,应按照银行存款余额调节表调整银行存款日记账。（　　）
2. 现金清查中,对于无法查明原因的现金短缺,经批准后应计入营业外支出。（　　）
3. 对于银行已经付款而企业尚未付款的未达账项,企业应当根据银行对账单编制自制凭证予以入账。（　　）
4. 为了简化现金收支手续,企业可以随时坐支现金。（　　）
5. 对于因未达账项而使企业银行存款日记账余额和银行对账单余额出现的差异,无需做账面调整,待结算凭证到达后再进行账务处理,登记入账。（　　）
6. "库存现金"账户反映企业的库存现金,包括企业内部各部门周转使用、由各部门保

管的定额备用金。( )
7. 为了方便现金收支,企业的现金收入可以个人名义存入银行。( )
8. 现金支票只能用于从银行提取现金,转账支票只能办理转账,不能支取现金。( )
9. 企业可以根据生产经营的需要,在一家或几家银行开立基本存款账户。( )
10. 银行汇票的核算账户是"其他货币资金",而商业汇票的核算账户是"应收/付票据"。( )

四、综合题

1. 皖兴公司3月份发生下列有关交易或事项:
(1) 2日,开出现金支票一张,支付采购员预借的差旅费1 000元。
(2) 4日,从银行提现2 000元备用。
(3) 5日,电汇南京工商银行50 000元开立采购专户。
(4) 6日,在现金清查中,发现现金短缺100元,原因待查。
(5) 7日,经查,3月6日现金清查中发现的短款100元中应由出纳员赔偿90元,其余10元无法查明原因。
(6) 8日,收到采购员寄回的购货发票等凭证,从南京中兴公司购进的甲种材料已发货,货款为40 000元,增值税为5 200元,已用采购专户款付清。
(7) 9日,南京采购专户已结清,余款已退回存入银行。
(8) 10日,采购员出差回来报销差旅费1 450元,超额部分以现金补付。
(9) 12日,购买办公用品500元,以企业信用卡存款付讫。
(10) 15日,企业申请银行本票,按规定存入银行10 000元,并取得银行本票。
(11) 17日,企业从某公司购入乙材料一批,货款为8 849元,增值税为1 151元,用银行本票支付,材料已验收入库。
(12) 20日,企业采用银行本票结算方式销售产品一批,售价为12 000元,增值税额为1 560元,将收到银行本票连同进账单送交开户银行办妥转账收款手续。
(13) 22日,进行现金清查,发现现金长款80元,原因待查。
(14) 23日,经查,3月22日现金清查中发现的长款80元中50元属于应付而未付给职工的,其余30元来源无法查明,经批准列入营业外收入处理。
(15) 26日,以前从银行办理的一张金额为5 000元的银行汇票已超过提示付款期尚未使用,企业将进账单连同汇票交出票行,办理退款。
要求:
根据上述资料编制会计分录。

2. 皖兴公司4月末银行存款日记账余额为82 500元,银行送来的对账单余额为90 000元,经逐笔核对,发现存在下列未达账项:

(1) 银行代企业支付电话费8 500元,企业尚未收到凭证。

(2) 企业委托银行收款24 000元,银行已办妥手续,而企业尚未收到有关凭证。

(3) 企业签发一张2 000元现金支票,已做付款入账,但持票人尚未到银行办理手续。

(4) 企业送存转账支票一张,金额为15 000元,并已登记入账,但银行尚未办妥转账手续。

(5) 企业签发一张5 000元转账支票用于购物,已登记入账,但持票人尚未办理转账手续。

要求:

根据上述资料编制"银行存款余额调节表"(表2.1)。

表2.1　银行存款余额调节表　　　　　　　　　　　(单位:元)

项　目	金　额	项　目	金　额
银行存款日记账余额		银行对账单余额	
加:		加:	
减:		减:	
调整后余额		调整后余额	

项目三 应收及预付款项

学习指导

一、备抵法下坏账损失的计量

备抵法下坏账损失的计量,是同学们在计算的过程中,经常容易出错的地方,究其原因,还是因为没有搞清楚提取额与计提比例额的区别。简单点说,提取额才是你真正写在会计分录中的数字,而计提比例额是你用应收款项的期末余额乘以坏账计提率得出的数字。这两个数字可能相同,也可能不同,它们存在以下规律:

(1) 坏账准备计提前无余额,提取额＝计提比例额。

(2) 坏账准备计提前有借方余额,提取额＝计提比例额＋坏账准备计提前借方余额。

(3) 坏账准备计提前有贷方余额,若贷方余额大于计提比例额,冲销额＝贷方余额－计提比例额;若贷方余额小于计提比例额,提取额＝计提比例额－贷方余额。

二、坏账的账务处理程序

通过以下会计分录实现:
(1) 借:信用减值损失
　　　贷:坏账准备　　　（坏账的计提）
(2) 借:坏账准备
　　　贷:应收账款　　　（坏账的确认）
(3) 借:应收账款
　　　贷:坏账准备
　　借:银行存款
　　　贷:应收账款　　　（坏账的收回）
(4) 借:坏账准备
　　　贷:信用减值损失　（坏账的冲销）

这几个会计分录,同学们经过学习,能够很快地记下来,但甩开课本面对习题,却容易出错,原因在于没有记住每一个会计分录的任务,比如,应该写冲销的会计分录,却写成确认的分录了。实际上,每一个会计分录的任务都是由具体的会计科目来承担的。坏账准备在每一个分录中都会出现,资产减值损失只负责坏账的计提和冲销,应收账款只负责坏账的确认和收回。

三、票据的贴现

票据的贴现,难点主要体现在计算上。面对题目中的一堆数字,同学们往往不知道该从哪个数字下手,究其原因,还是在于对公式的理解和记忆,因为一个贴现的计算涉及的概念太多了,有贴现息、贴现率、票据到期值、票面利率、票据期限等。所以,同学们在记忆贴现息的计算公式时,要逐层记忆,由简到繁。

贴现息 = 票据到期值 × 贴现率 × 贴现期(按日计算时,算头不算尾或算尾不算头)
⇩
面值 + 面值 × 票面利率 × 票据期限(按日计算时,算头不算尾或算尾不算头)

四、重要概念的理解

坏账是指企业无法收回或收回可能性极小的应收款项。在这里要强调的是,应收款项和应收账款不是一个概念。首先,应收账款是一个会计科目,而应收款项不是。其次,应收账款只是应收款项的一个组成部分,应收款项由应收账款、应收票据、预付账款、其他应收款等组成,这也就意味着,不仅应收账款会产生坏账,同学们经常碰到的应收票据、预付账款、其他应收款也都会产生坏账。

知 识 训 练

一、单项选择题

1. 下列项目中,属于应收账款核算范围的是(　　)。
   A. 职工借款　　　　　　　　　B. 采购员出差预借差旅费
   C. 应收商品销售款代垫运费款项　　D. 支付给供货单位的包装物押金
2. 企业按规定提取的坏账准备,应计入(　　)账户。
   A. 财务费用　　　　　　　　　B. 营业外收入
   C. 信用减值损失　　　　　　　D. 制造费用
3. 坏账准备在期末结账前如为借方余额,反映的内容是(　　)。
   A. 提取的坏账准备　　　　　　B. 已经发生的坏账损失
   C. 收回以前已确认并转销的坏账损失　　D. 已确认的损失超出坏账准备的余额
4. 某企业年末应收账款余额为 500 000 元,"坏账准备"账户贷方余额为 1 000 元,按 4‰ 提取坏账准备,则应补提坏账准备(　　)。

A. 1 000 元 B. 2 000 元
C. 3 000 元 D. 4 000 元

5. 某企业年末应收账款余额为 500 000 元,坏账准备账户贷方余额为 2 000 元,按 3‰ 提取坏账准备,则应冲减的坏账准备为(   )。

A. 1 500 元 B. 2 000 元
C. 500 元 D. 3 500 元

6. 某企业年末应收账款余额为 500 000 元,坏账准备账户借方余额为 1 000 元,按 5‰ 提取坏账准备,则应提取的坏账准备为(   )。

A. 1 000 元 B. 2 500 元
C. 1 500 元 D. 3 500 元

7. 某企业年末"应收账款"科目的借方余额为 600 万元,其中,"应收账款"明细账的借方余额为 800 万元,贷方余额为 200 万元。年末计提坏账准备后的"坏账准备"科目的贷方余额为 20 万元。假定不考虑其他应收款计提坏账准备因素,该企业年末资产负债表中"应收账款"项目的金额为(   )。

A. 585 万元 B. 600 万元
C. 780 万元 D. 800 万元

8. 某企业"坏账准备"科目的年初余额为 4 000 元,"应收账款"和"其他应收款"科目的年初余额分别为 30 000 元和 10 000 元。当年,不能收回的应收账款 2 000 元确认为坏账损失。"应收账款"和"其他应收款"科目的年末余额分别为 50 000 元和 20 000 元。假定该企业年末确定的坏账提取比例为 10%,该企业年末应提取的坏账准备为(   )元。

A. 1 000 B. 3 000
C. 5 000 D. 7 000

9. 某公司 2021 年成立并开始采用应收账款余额百分比法计提坏账准备,计提比例为 2%。2021 年年末应收账款余额为 750 万元,2022 年 2 月确认坏账损失为 15 万元,2022 年 11 月收回已作为坏账损失处理的应收账款 3 万元,2022 年年末应收账款余额为 100 万元,该企业 2022 年年末提取坏账准备的金额是(   )万元。

A. -1 B. 2
C. -15 D. 3

10. 一张 7 月 26 日签发的 30 天的票据,其到期日为(   )。

A. 8 月 25 日 B. 8 月 26 日
C. 8 月 27 日 D. 8 月 24 日

11. 某企业持有一张 2023 年 2 月 28 日签发、期限为 5 个月的商业汇票,该商业汇票的到期日为(   )。

A. 7 月 28 日 B. 7 月 29 日
C. 7 月 30 日 D. 7 月 31 日

12. 1 月 1 日某公司销货一批,收到一张面值为 40 000 元、期限为 3 个月的商业承兑汇票,票面年利率为 6%,则该票据的到期值为(   )元。

A. 40 600 B. 40 100
C. 40 010 D. 41 200

13. 某企业将一张面值为 30 000 元、期限为 3 个月的不带息商业承兑汇票,在持有 45 天后向银行贴现,贴现率为 12%,则企业可得贴现净额为( )元。
  A. 39 000　　　　　　　　　　　B. 29 550
  C. 29 100　　　　　　　　　　　D. 30 450

14. 某企业 5 月 10 日将一张面值为 10 000 元、出票日为 4 月 20 日、票面利率为 6%、期限为 30 天的票据向银行贴现,贴现率为 8%,则该票据的贴现息为( )元。
  A. 22.22　　　　　　　　　　　B. 22.33
  C. 66.66　　　　　　　　　　　D. 67

15. 现有一张带息的应收票据,其票面额为 4 000 元,利率为 10%,期限为 6 个月,某企业已持有该张票据 3 个月,现按 12% 的贴现率进行贴现,该企业可实现的贴现款为( )元。
  A. 4 240　　　　　　　　　　　B. 4 074
  C. 4 048　　　　　　　　　　　D. 4 092

16. 2022 年 7 月 2 日,某企业将一张带息应收票据到银行贴现,该票据面值为 1 000 000 元,2022 年 6 月 30 日已计利息 1 000 元,尚未计提利息 1 200 元,银行贴现息为 900 元。该应收票据贴现时计入财务费用的金额为( )元。
  A. −300　　　　　　　　　　　B. −100
  C. −1 300　　　　　　　　　　D. 900

17. 企业已贴现的带息商业承兑汇票,由于承兑人的银行账户不足支付,银行将商业汇票退还给企业,并从贴现企业的银行账户中扣款,银行扣款的金额是( )。
  A. 票据票面金额　　　　　　　B. 票据到期值
  C. 票据贴现净额　　　　　　　D. 票据票面金额加上贴现息

18. 下列各项中,计入财务费用的是( )。
  A. 销售商品发生的现金折扣　　B. 销售商品发生的销售折让
  C. 销售商品发生的商业折扣　　D. 委托代销商品支付的手续费

19. 企业在采用总价法入账的情况下,发生的现金折扣应作为( )处理。
  A. 营业收入　　　　　　　　　B. 管理费用减少
  C. 财务费用增加　　　　　　　D. 管理费用增加

20. 甲公司为增值税一般纳税企业,适用的增值税税率为 13%。2023 年 3 月 1 日,甲公司向乙公司销售一批商品,按价目表上标明的价格计算,其不含增值税的售价总额为 20 000 元。因属批量销售,甲公司同意给予乙公司 10% 的商业折扣;同时,为鼓励乙公司及早付清货款,甲公司规定的现金折扣条件(按不含增值税的售价计算)为 2/10,1/20,n/30。假定甲公司 3 月 8 日收到该笔销售的价款(含增值税额),则实际收到的价款为( )元。
  A. 19 980　　　　　　　　　　B. 19 933.2
  C. 22 200　　　　　　　　　　D. 22 600

21. 某工业企业销售产品每件 120 元,若客户购买 100 件以上(含 100 件),可得到 20 元的商业折扣。某客户 2022 年 12 月 10 日购买该企业产品 100 件,按规定现金折扣条件为 2/10,1/20,n/30,适用的增值税税率为 13%。该企业于 12 月 29 日收到该笔款项时,应给予客户的现金折扣为( )元。(假定计算现金折扣时不考虑增值税。)

A. 0　　　　　　　　　　　　B. 100
C. 117　　　　　　　　　　　D. 1 100

22. 某企业2023年5月10日销售产品一批,销售收入为40 000元,规定的现金折扣条件为2/10,1/20,n/30,适用的增值税税率为13%。假定计算现金折扣时不考虑增值税,企业5月26日收到该笔款项时,应给予客户的现金折扣为(　　)元。
A. 486　　　　　　　　　　　B. 468
C. 400　　　　　　　　　　　D. 0

23. 某企业赊销商品一批,商品标价为10 000元,商业折扣为20%,增值税税率为13%,现金折扣条件为2/10,n/20,企业销售商品时代垫运费200元,若企业应收账款按总价法核算,则应收账款的入账金额为(　　)元。
A. 9 240　　　　　　　　　　B. 9 040
C. 11 300　　　　　　　　　D. 11 500

24. 下列应收、暂付款项中,不通过"其他应收款"科目核算的是(　　)。
A. 应收保险公司的赔款　　　　B. 应收出租包装物的租金
C. 应向职工收取的各种垫付款项　D. 企业销售商品的货款

25. 下列各项中,导致负债总额变化的是(　　)。
A. 赊销商品　　　　　　　　　B. 赊购商品
C. 开出银行汇票　　　　　　　D. 用盈余公积转增资本

二、多项选择题

1. 下列各项中,属于流动资产的是(　　)。
A. 预收账款　　　　　　　　　B. 预付账款
C. 应收账款　　　　　　　　　D. 应收票据

2. 下列各项中,应计入资产负债表"应收账款"项目的有(　　)。
A. 应收账款科目所属明细科目的借方余额
B. 应收账款科目所属明细科目的贷方余额
C. 预收账款科目所属明细科目的借方余额
D. 预收账款科目所属明细科目的贷方余额

3. 根据《企业会计准则第22号——金融工具确认和计量》的规定,应计提坏账准备的应收款项包括(　　)。
A. 应收账款　　　　　　　　　B. 预付账款
C. 预收账款　　　　　　　　　D. 长期应收款

4. 应收款项包括(　　)。
A. 预付账款　　　　　　　　　B. 其他应收款
C. 应收账款　　　　　　　　　D. 应收票据

5. 采用备抵法核算坏账损失的企业,下列各项中,不计提坏账准备的项目有(　　)。
A. 固定资产　　　　　　　　　B. 其他应收款
C. 应收票据　　　　　　　　　D. 预收账款

6. 一般来讲,企业的应收账款符合下列( )之一的,应确认为坏账。
   A. 债务人死亡,以其遗产清偿后仍然无法收回
   B. 债务人破产,以其破产财产清偿后仍然无法收回
   C. 债务人较长时期内未履行其义务,有足够的证据表明无法收回或收回的可能性极小
   D. 一年内不能收回的应收账款
7. 在我国会计实务中,作为应收票据核算的票据有( )。
   A. 支票   B. 银行汇票
   C. 商业承兑汇票   D. 银行承兑汇票
8. 带息商业汇票到期值的计算与( )有关。
   A. 票据面值   B. 票面利率
   C. 票据期限   D. 贴现率
9. 按照准则规定,下列各项中可以计入"应收账款"账户的有( )。
   A. 销售商品价款   B. 销售商品放入增值税销项税额
   C. 代购货单位垫付的运杂费支出 D. 商业折扣
10. 企业进行坏账核算时,估计坏账损失的方法有( )。
    A. 余额百分比法   B. 账龄分析法
    C. 销货百分比法   D. 个别认定法
11. 坏账核算采用备抵法的优点是( )。
    A. 符合谨慎性原则
    B. 使报表使用者了解企业真实的财务状况
    C. 消除虚列的应收账款
    D. 避免虚增资产
12. 下列各项中,会引起期末应收账款账面价值发生变化的有( )。
    A. 收回应收账款   B. 收回已转销的坏账
    C. 计提应收账款坏账准备   D. 结转到期不能收回的应收票据
13. 下列各项中,应计入"坏账准备"账户借方的有( )。
    A. 提取坏账准备 3 000 元 B. 冲回多提坏账准备 26 000 元
    C. 收回以前确认并转销的坏账 D. 实际发生坏账
14. 下列各项中,应计入"坏账准备"科目贷方的有( )。
    A. 年末按应收账款余额的一定比例计提的坏账准备
    B. 收回过去已经确认并转销的坏账
    C. 经批准转销的坏账
    D. 确定无法支付的应付账款
15. 按现行会计准则的规定,下列各项应收款项中,不能全额计提坏账准备的有( )。
    A. 当年发生的应收款项
    B. 计划对应收款项进行重组
    C. 与关联方发生的应收款项
    D. 有确凿证据表明某项应收账款不能够收回

16. 按现行准则规定,不能用"应收票据"及"应付票据"核算的票据包括(　　)。
    A. 银行本票存款   B. 银行承兑汇票
    C. 外埠存款   D. 商业承兑汇票
17. 企业将带息应收票据贴现时,影响贴现利息计算的因素有(　　)。
    A. 票据的面值   B. 票据期限
    C. 票据的种类   D. 贴现利率
18. 2022年10月5日收到带息商业汇票1张,票面金额为500元,票面年利率为8%,期限为3个月。该票据在2023年1月1日贴现,贴现年利率为10%(假设该企业与承兑企业在同一票据交换区)。则下列表述正确的有(　　)。
    A. 商业汇票的入账价值为500元   B. 票据到期日是2023年1月5日
    C. 贴现天数为5天   D. 票据到期值为510元
19. 关于"预付账款"账户,下列说法中正确的有(　　)。
    A. 该账户借方余额反映企业向供应单位预付的货款
    B. 预付货款不多的企业,可以不单独设置"预付账款"账户,将预付的货款计入"应付账款"借方
    C. "预付账款"账户贷方余额反映的是应付供应单位的款项
    D. 预付货款不多的企业,可以不单独设置"预付账款"账户,将预付的货款计入"应收账款"账户
20. 其他应收款的范围包括(　　)。
    A. 预付给企业各内部单位的备用金   B. 应收的各种罚款
    C. 应收出租包装物的租金   D. 应向职工收取的各种垫付款项

三、判断题

1. 应收账款账户均按减去已计提坏账准备后的净额列示于资产负债表。(　　)
2. 尽管应收票据也可能收不到款项,但企业在期末计提坏账准备时,计提的依据不应当包括应收票据。(　　)
3. 企业将带息票据贴现时,若贴现所得金额小于票据面值的差额,应增加财务费用;若贴现所得金额大于票据面值的差额,应冲减财务费用。(　　)
4. 企业采用不同的方法核算坏账损失,其确认坏账的标准是不同的。(　　)
5. 票据到期值就是票据面值。(　　)
6. 现金折扣和销售折让,均应在实际发生时计入当期财务费用。(　　)
7. 不带息票据贴现所得净额一定小于票据票面价值,而带息票据贴现所得净额则不一定小于票据票面价值。(　　)
8. 企业工作人员因出差而预借的差旅费应计入其他应收款。(　　)
9. "坏账准备"账户期末余额一定在贷方。(　　)
10. 企业收到的应收票据无论是否带息,均应按票据到期值入账。(　　)
11. 某企业销售一笔金额为100万元的货物,规定销货的现金折扣条件为2/10,1/20,

n/30,购货单位于第9天付款,不考虑增值税,该企业实际收到的款项金额为100万元。
( )

12. 在存在商业折扣的情况下,应收账款应按扣除商业折扣后的实际售价确认。
( )

13. 按我国现行会计准则的规定,在存在现金折扣的情况下,应收账款应按销售收入扣除预计的现金折扣后的金额确认。
( )

14. 企业已经确认为坏账的应收账款即意味企业放弃了其追索权,如果该应收账款又收回,应确认为营业外收入。
( )

15. 预付账款可以在应付账款账户中核算,因此,预付账款是企业的一项负债。( )

16. 企业如果将预付账款项目计入应付账款科目借方,在编制会计报表时仍然要将其列入预付账款项目。
( )

四、计算分析题

1. 某企业按照应收账款余额的3‰提取坏账准备。该企业2020年的应收账款余额为1 000 000元;2021年发生坏账8 000元,其中甲企业2 000元,乙企业6 000元,年末应收账款余额为1 100 000元;2022年,去年已冲销的甲企业应收账款2 000元又收回,期末应收账款余额为900 000元。

要求:
根据上述资料计算企业每年提取的坏账准备,并做出相关会计分录。

2. 某企业应收账款采用账龄分析法，2022年年末该企业应收账款坏账损失估计表部分内容如表3.1所示。

表3.1 应收账款坏账损失估计表

被拖欠账款时间	应收账款余额	估计坏账率	估计坏账损失
未到期	30 000	1%	
过期1个月	35 000	2%	
过期2个月	100 000	3%	
过期3个月	150 000	10%	
过期3个月以上	50 000	20%	
预计的坏账准备			

要求：

（1）填出表格中空白部分的数字；

（2）若2022年12月31日"坏账准备"科目计提前有贷方余额3 000元，计算2022年年末应计提的坏账准备，并写出相应的会计分录。

3. 假定2022年11月1日，A公司将所持有的出票日为2022年8月1日、面值均为300 000元、6个月到期的甲、乙、丙三个公司的应收票据，向银行申请贴现，贴现率为8%。其中，甲公司票据为不带息银行承兑汇票，乙公司票据为年利率10%的商业承兑汇票，丙公司票据为年利率6%的银行承兑汇票。

要求：

分别计算甲、乙、丙公司票据的到期值、贴现息和贴现净额。

五、综合题

甲公司为增值税一般纳税企业。2023年3月份发生下列销售业务：

(1) 3日，向A公司销售商品1 000件，每件商品的标价为100元。为了鼓励多购商品，甲公司同意给予A公司20%的商业折扣。开出的增值税专用发票上注明的售价总额为80 000元，增值税额为10 400元。商品已发出，货款尚未收到。

(2) 5日，向B公司销售商品一批，开出的增值税专用发票上注明的售价总额为20 000元，增值税额为2 600元。甲公司为了及早收回货款，在合同中规定的现金折扣条件为2/10，1/20，$n/30$。

(3) 13日，收到B公司的扣除享受现金折扣后的全部款项，并存入银行。假定计算现金折扣时不考虑增值税。

(4) 15日，向C公司销售商品一批，开出的增值税专用发票上注明的售价总额为90 000元，增值税额为15 300元。货款尚未收到。

(5) 22日，向D公司预付材料款20 000元用于购买F材料。

(6) 26日，收到D公司发来的40 000元的材料（不含增值税），增值税税率为13%，已入库。

(7) 甲公司以银行存款补付不足款项。

(8) 27日，业务员小张出差，预借差旅费1 000元。

要求：

编制甲公司上述业务的会计分录。

项目四 存 货

学 习 指 导

一、存货的概念

存货是指企业在日常活动中持有以备出售的产成品或商品、处在生产过程中的在产品、在生产过程或提供劳务过程中耗用的材料和物料等,包括各种原材料、辅助材料、燃料、包装物、低值易耗品、在产品、产成品、库存商品等。

二、存货的初始计量

存货成本包括采购成本、加工成本和其他成本。
(1) 采购成本:购买价格、相关税费、运输费、装卸费、保险费以及其他可归属于存货采购成本的费用。
(2) 加工成本:直接人工和按照一定方法分配的制造费用。
(3) 其他成本:除初始成本、加工成本以外的,使存货达到目前场所和使用状态所发生的其他支出。

三、存货的期末计量

资产负债表日,存货应当按照成本与可变现净值孰低计量。存货成本高于其可变现净值的,应当计提存货跌价准备,计入当期损益。其中,存货成本是指期末存货的实际成本;可变现净值是指在日常活动中,存货的估计售价减去至完工时估计将要发生的成本、估计的销售费用以及相关税费后的金额。

四、原材料的核算

企业原材料的核算方法有实际成本法和计划成本法。
(1) 按实际成本计价核算时,材料的收发及结存,无论是总分类核算还是明细分类核算,均按照实际成本计价,发出存货成本的计价方法包括个别计价法、先进先出法、月末一次加权平均法和移动加权平均法等。

（2）按计划成本计价核算时，材料的收发及结存，不论是总分类核算还是明细分类核算，均按照计划成本计价。实际成本与计划成本的差异，通过"材料成本差异"科目核算。月末，计算本月发出材料应负担的成本差异并进行分摊，根据领用材料的用途计入相关资产的成本或者当期损益，从而将发出材料的计划成本调整为实际成本。

五、库存商品的核算

制造业库存商品的核算，既可以采用实际成本核算，也可以采用计划成本核算，其方法与原材料相似；商品流通业库存商品的核算方法包括数量进价金额核算法、数量售价金额核算法、进价金额核算法和售价金额核算法。

六、委托加工物资的核算

以实际耗用的原材料或者半成品和加工费、运输费、装卸费及保险费等费用以及按规定应计入成本的税金作为实际成本。需要交纳消费税的委托加工物资，收回后直接用于销售的，应将受托方代收代缴的消费税计入委托加工物资成本；收回后用于连续生产应税消费品的，按规定准予抵扣的，受托方代收代缴的消费税计入"应交税费——应交消费税"科目的借方。

七、周转材料的核算

周转材料包括包装物和低值易耗品。企业应根据周转材料的消耗方式、价值大小、耐用程度等选择适当的摊销方法，将其账面价值一次或分期计入有关成本费用。一般企业的周转材料应当采用一次摊销法或五五摊销法进行摊销。建造承包商的钢模板、木模板、脚手架和其他周转材料等可以采用一次摊销法、五五摊销法或者分次摊销法进行摊销。

知 识 训 练

一、单项选择题

1. 某企业采用计划成本法进行材料的日常核算。月初结存材料的计划成本为80万元，成本差异为超支20万元。当月购入材料一批，实际成本为110万元，计划成本为120万元。当月领用材料的计划成本为100万元，当月领用材料应负担的材料成本差异为（　　）万元。

A. 超支 5　　　　　　　　　　　B. 节约 5
C. 超支 15　　　　　　　　　　 D. 节约 15

2. 某企业 2022 年 12 月 31 日，甲存货的实际成本为 100 万元，加工该存货至完工产成品估计还将发生成本 20 万元，估计销售费用和相关税费为 2 万元，估计用该存货生产的产成品售价为 110 万元。假定甲存货月初"存货跌价准备"科目余额为 0，2022 年 12 月 31 日应计提的存货跌价准备为（　　）万元。

A. -10　　　　　　　　　　　　B. 0
C. 10　　　　　　　　　　　　 D. 12

3. 某企业为增值税一般纳税人，购入材料一批，增值税专用发票上标明的价款为 25 万元，增值税为 3.25 万元，另支付材料的保险费 2 万元、包装物押金 2 万元。该批材料的采购成本为（　　）万元。

A. 27　　　　　　　　　　　　 B. 29
C. 29.25　　　　　　　　　　　D. 30.25

4. 企业原材料明细账通常采用的格式是（　　）。

A. 卡片式　　　　　　　　　　 B. 多栏式
C. 数量金额式　　　　　　　　 D. 三栏式

5. 某企业采用月末一次加权平均法计算发出原材料的成本。2023 年 2 月 1 日，甲材料结存 200 千克，每千克实际成本为 100 元；2 月 10 日购入甲材料 300 千克，每千克实际成本为 110 元；2 月 25 日发出甲材料 400 千克。2 月末，甲材料的库存余额为（　　）元。

A. 10 000　　　　　　　　　　 B. 10 500
C. 10 600　　　　　　　　　　 D. 11 000

6. 甲企业发出实际成本为 140 万元的原材料，委托乙企业加工成半成品，收回后用于连续生产应税消费品，甲企业和乙企业均为增值税一般纳税人，甲企业根据乙企业开具的增值税专用发票向其支付加工费 4 万元和增值税 0.52 万元，另支付消费税 16 万元，假定不考虑其他相关税费，甲企业收回该批半成品的入账价值为（　　）万元。

A. 144　　　　　　　　　　　　B. 144.52
C. 160　　　　　　　　　　　　D. 160.52

7. 某商场采用售价金额核算法对库存商品进行核算。本月月初库存商品进价成本总额为 30 万元，售价总额为 46 万元；本月购进商品进价成本总额为 40 万元，售价总额为 54 万元；本月销售商品售价总额为 80 万元。假设不考虑相关税费，该商场本月销售商品的实际成本为（　　）万元。

A. 46　　　　　　　　　　　　 B. 56
C. 70　　　　　　　　　　　　 D. 80

8. 一般纳税人委托其他单位加工材料收回后直接对外销售的，其发生的下列支出中，不应计入委托加工材料成本的是（　　）。

A. 发出材料的实际成本　　　　 B. 支付给受托方的加工费
C. 支付给受托方的增值税　　　 D. 受托方代收代缴的消费税

9. 某企业采用先进先出法计算发出的甲材料的成本，2023 年 2 月 1 日，结存甲材料 200 千克，每千克实际成本为 100 元；2 月 10 日购入甲材料 300 千克，每千克实际成本为 110 元；

2月15日发出甲材料400千克。2月末,库存甲材料的实际成本为(　　)元。
   A. 10 000   B. 10 500
   C. 10 600   D. 11 000

10. 某企业为增值税小规模纳税人,本月购入甲材料2 060千克,每千克单价(含增值税)为50元,另外支付运杂费3 500元,运输途中发生合理损耗60千克,入库前发生挑选整理费用620元。该批材料入库的实际单位成本为每千克(　　)元。
    A. 50   B. 51.81
    C. 52   D. 53.56

11. 下列各项中,属于累计原始凭证的是(　　)。
    A. 领料单   B. 发出材料汇总表
    C. 限额领料单   D. 工资结算汇总表

12. A企业月初甲材料的计划成本为10 000元,"材料成本差异"账户借方余额为500元,本月购进甲材料一批,其实际成本为16 180元,计划成本为19 000元。本月生产车间领用甲材料的计划成本为8 000元,管理部门领用甲材料的计划成本为4 000元。该企业期末甲材料的实际成本是(　　)元。
    A. 14 680   B. 15 640
    C. 15 680   D. 16 640

13. 某企业采用成本与可变现净值孰低法对存货进行期末计价,成本与可变现净值按单项存货进行比较,2022年12月31日,甲、乙、丙三种存货的成本与可变现净值分别为:甲存货成本为10万元,可变现净值为8万元;乙存货成本为12万元,可变现净值为15万元;丙存货成本为18万元,可变现净值为15万元。甲、乙、丙三种存货已计提的跌价准备分别为1万元、2万元、1.5万元。假定该企业只有这三种存货,2022年12月31日应补提的存货跌价准备总额为(　　)万元。
    A. -0.5   B. 0.5
    C. 2   D. 5

14. 下列各项与存货相关的费用中,不应计入存货成本的是(　　)。
    A. 材料采购过程中发生的保险费   B. 材料入库前发生的挑选整理费
    C. 材料入库后发生的储存费用   D. 材料采购过程中发生的装卸费用

15. 下列叙述中,说法错误的是(　　)。
    A. 收发计量差错造成的存货盘亏计入企业的管理费用
    B. 生产中已不再需要并且已无使用价值和转让价值的存货,存货可变现净值为0
    C. 商品流通企业在采购商品过程中发生的进货费用全部计入商品的采购成本
    D. 企业对于数量繁多、单价较低的存货,可以按类别计提存货跌价准备

16. 下列有关确定存货可变现净值基础的表述中,不正确的是(　　)。
    A. 无销售合同的库存商品以该库存商品的市场售价为基础
    B. 有销售合同的库存商品以该库存商品的合同价格为基础
    C. 用于出售的无销售合同的材料以该材料的市场价格为基础
    D. 用于生产的有销售合同产品的材料以该材料的市场价格为基础

17. 某工业企业为增值税一般纳税企业,2023年4月购入A材料500千克,增值税专用

发票上注明的买价为 15 000 元,增值税额为 1 950 元,该批 A 材料在运输途中发生 1%的合理损耗,实际验收入库 495 千克,在入库前发生挑选整理费用 150 元。该批入库 A 材料的实际总成本为( )元。

A. 14 850 B. 14 998.5
C. 15 150 D. 17 700

18. 下列会计处理中,不正确的是( )。

A. 由于管理不善造成的存货净损失计入管理费用
B. 非正常原因造成的存货净损失计入营业外支出
C. 以存货抵偿债务结转的相关存货跌价准备冲减资产减值损失
D. 为特定客户设计产品发生的可直接确定的设计费用计入相关产品成本

19. 乙工业企业为增值税一般纳税企业,本月购进原材料 200 千克,货款为 6 000 元,增值税为 780 元,发生的保险费为 350 元,入库前的挑选整理费用为 130 元,验收入库时发现数量短缺 10%,经查属于运输途中合理损耗。乙工业企业该批原材料实际单位成本为每千克( )元。

A. 32.4 B. 33.33
C. 35.28 D. 36

20. 依据企业会计准则的规定,企业可以用于结转发出存货成本计价的方法不包括( )。

A. 先进先出法 B. 加权平均法
C. 个别计价法 D. 后进先出法

21. 某企业某种存货的期初实际成本为 200 万元,期初"存货跌价准备"账户贷方余额为 2.5 万元,本期购入该种存货实际成本为 45 万元,生产领用为 150 万元,期末估计库存该种存货的可变现净值为 91 万元。则本期应计提存货跌价准备额为( )万元。

A. 1.5 B. 2.5
C. 4 D. 9

22. 下列情形中,存货没有发生减值的是( )。

A. 原材料市价持续下跌,并且在可预见的未来无回升的希望
B. 企业原材料的成本大于其可变现净值,但使用该项原材料生产的产品的成本大于产品的销售价格
C. 企业因产品更新换代,原有库存原材料已不适应新产品的需要,而该原材料的市场价格又高于其账面成本
D. 因企业所提供的商品或劳务过时,其市场价格逐渐下跌

23. 甲公司为增值税小规模纳税人,原材料采用计划成本法核算。甲材料计划成本每千克为 20 元。本月购进甲材料 9 000 千克,收到的增值税专用发票上注明的价款为 153 000 元,增值税额为 19 890 元。另发生运输费 1 000 元,包装费 500 元,仓储费 600 元,途中保险费用 538.5 元。原材料运抵企业后验收入库 8 992.50 千克,运输途中合理损耗 7.5 千克。则购进甲材料发生的成本节约差异为( )元。

A. 4 321.50 B. 1 798.50
C. 24 211.50 D. 24 361.50

24. 某股份有限公司对期末存货采用成本与可变现净值孰低法计价。2022年12月31日库存自制半成品的实际成本为40万元,预计进一步加工所需费用为16万元,预计销售费用及税金为8万元。该半成品加工完成后的产品预计销售价格为60万元。假定该公司以前年度未计提存货跌价准备。2022年12月31日该项存货应计提的跌价准备为(　　)万元。

A. 0　　　　　　　　　　　B. 4
C. 16　　　　　　　　　　　D. 20

25. 2022年12月31日,甲公司库存的专门用于生产A产品的B材料的账面价值为200万元,其市场价格为190万元,假设不发生其他相关费用,以该B材料生产的A产品的可变现净值为300万元,A产品的成本为295万元。2022年12月31日B材料的价值为(　　)万元。

A. 190　　　　　　　　　　B. 200
C. 295　　　　　　　　　　D. 300

二、多项选择题

1. 下列各项中,构成企业委托加工物资成本的有(　　)。
A. 加工中实际耗用物资的成本
B. 支付的加工费用和保险费
C. 收回后直接销售物资的代收代缴消费税
D. 收回后继续加工物资的代收代缴消费税

2. 下列各项中,一般应采用数量金额式明细账登记的有(　　)。
A. 产成品　　　　　　　　　B. 原材料
C. 应收账款　　　　　　　　D. 固定资产

3. "材料成本差异"账户借方可以用来登记(　　)。
A. 购进材料实际成本小于计划成本的差额
B. 发出材料应负担的超支差异
C. 发出材料应负担的节约差异
D. 购进材料实际成本大于计划成本的差额

4. 存货的确认是以法定产权的取得为标志的。下列属于企业存货范围的项目有(　　)。
A. 已经购入但未存放在本企业的货物　　B. 已售出但货物尚未运离本企业的存货
C. 已经运离企业但尚未售出的存货　　　D. 已购入并存放在企业的存货

5. 期末存货计价过低,可能会引起(　　)。
A. 当期收益增加　　　　　　B. 当期收益减少
C. 所有者权益减少　　　　　D. 销售成本增加

6. 企业进行库存商品清查时,对于盘亏的库存商品,应先计入"待处理财产损益"账户,待期末或报经批准后,根据不同的原因可分别转入(　　)。
A. 管理费用　　　　　　　　B. 其他应付款

C. 营业外支出　　　　　　　　　　D. 其他应收款

7. 计算存货可变现净值时，应从预计售价中扣除的项目有（　　）。
A. 出售前发生的行政管理人员的工资
B. 存货的账面成本
C. 销售过程中发生的销售费用
D. 出售前进一步加工的加工费用

8. 下列项目中，应计入材料采购成本的有（　　）。
A. 制造费用　　　　　　　　　　　B. 进口关税
C. 运输途中的合理损耗　　　　　　D. 一般纳税人购入材料支付的增值税

9. 下列项目中，会引起存货账面价值增减变动的有（　　）。
A. 尚未确认收入的已发出商品　　　B. 发生的存货盘盈
C. 委托外单位加工发出的材料　　　D. 冲回多提的存货跌价准备

10. 实际工作中，影响存货入账价值的主要因素有（　　）。
A. 购货价格　　　　　　　　　　　B. 途中运费和保险费
C. 进口关税　　　　　　　　　　　D. 一般纳税企业支付的增值税（进项）

11. 期末通过比较发现存货的成本低于可变现净值，则可能（　　）。
A. 按差额首次计提存货跌价准备　　B. 按差额补提存货跌价准备
C. 冲减存货跌价准备　　　　　　　D. 不进行账务处理

12. 甲公司为一般纳税企业，2023年4月5日委托乙公司加工一批材料，发出材料成本为5 000元，该材料适用的增值税税率为13%，消费税税率为10%。加工后，甲公司应付的加工费为904元（含增值税），乙公司代扣代缴的消费税为660元。4月25日甲公司收回该批材料并入库，准备直接对外销售，同时以银行存款支付加工费及各种税金。甲公司对该业务进行会计处理时，下列会计分录中正确的是（　　）。

A. 借：应交税费——应交消费税　　　　　660
　　　贷：银行存款　　　　　　　　　　　　　660
B. 借：委托加工物资　　　　　　　　　1 460
　　　应交税费——应交增值税（进项税额）　104
　　　贷：银行存款　　　　　　　　　　　　 1 564
C. 借：原材料　　　　　　　　　　　　5 800
　　　贷：委托加工物资　　　　　　　　　　 5 800
D. 借：原材料　　　　　　　　　　　　6 460
　　　贷：委托加工物资　　　　　　　　　　 6 460

13. 下列情形中表明存货的可变现净值为0的有（　　）。
A. 已霉烂变质的存货
B. 已过期且无转让价值的存货
C. 生产中已不再需要，并且已无使用价值和转让价值的存货
D. 市场价格持续下跌，并且在可预见的未来无回升希望的存货

14. 下列有关存货会计处理的表述中，正确的有（　　）。
A. 因自然灾害造成的存货净损失，计入营业外支出

B. 存货采购入库前的挑选整理费用应计入存货成本
C. 一般纳税人进口原材料交纳的增值税,计入相关原材料的成本
D. 结转商品销售成本时,将相关存货跌价准备调整主营业务成本

15. 下列关于商品流通企业在采购商品过程中发生的运输费、装卸费等费用的说法,正确的有(　　)。
A. 一律直接计入当期损益
B. 一般应当计入存货的采购成本
C. 金额较小的,可以在发生时直接计入当期销售费用
D. 可以先进行归集,期末再根据所购商品的存销情况进行分摊

三、判断题

1. 企业已完成销售手续但购买方在月末尚未提取的商品,应作为企业的库存商品核算。(　　)
2. 采用售价金额核算法核算库存商品时,期末结存商品的实际成本为本期商品销售收入乘以商品进销差价率。(　　)
3. 商品流通企业在采购商品过程中发生的运输费、装卸费、保险费以及其他可归属于存货采购成本的费用等,应当计入存货的采购成本,也可以先进行归集,期末再根据所购商品的存销情况进行分摊。(　　)
4. 企业采用计划成本对材料进行日常核算,应按月分摊发出材料应负担的成本差异,不应在季末或年末一次计算分摊。(　　)
5. 商品流通企业在采购商品过程中发生的运杂费等进货费用,应当计入存货采购成本。进货费用数额较小的,也可以在发生时直接计入当期费用。(　　)
6. 购入材料在运输途中发生的合理损耗应计入营业外支出。(　　)
7. 企业发出各种材料应负担的成本差异可按当月成本差异率计算,若发出的材料在发出时就要确定其实际成本,则也可按上月成本差异率计算。(　　)
8. 存货计价方法的选择不仅影响资产负债表中资产总额的多少,而且也影响利润表中的净利润。(　　)
9. 存货跌价准备一经计提,在持有期间不得转回。(　　)
10. 某公司库存煤炭6 000吨,销售合同订购数量4 800吨,企业在期末确定库存煤炭可变现净值时,订购数量4 800吨按销售合同作为可变现净值的计量基础,超出订购量的1 200吨则应按一般销售价格作为计量基础。(　　)
11. 需要交纳消费税的委托加工物资,收回后直接用于销售的,应将受托方代收代缴的消费税计入"应交税费——应交消费税"科目的借方。(　　)
12. 若材料用于生产产品,当所生产的产品没有减值,但材料发生减值时,则材料期末应按可变现净值计量。(　　)
13. 可变现净值,是指存货的估计售价减去至完工时估计将要发生的成本以及相关税费后的金额。(　　)
14. 销售产品结转的存货跌价准备应冲减资产减值损失。(　　)

15. 购入材料在运输途中发生的合理损耗不需单独进行账务处理。　　　　（　　）
16. 资产负债表日，存货成本高于市价的企业应当计提跌价准备。　　　　（　　）
17. 已展出或委托代销的商品，均不属于企业的存货。　　　　　　　　　（　　）
18. 因非常损失盘亏的存货，在减去过失人或者保险公司等赔款和残料价值后，计入管理费用。　　　　　　　　　　　　　　　　　　　　　　　　　　　　（　　）
19. 投资者投入存货的成本，一律按照投资合同或协议约定的价值确定。　（　　）

四、计算分析题

1. 某工业企业为一般纳税企业，增值税税率为13%，原材料采用计划成本法核算。月初原材料账面计划成本为73 000元，材料成本差异账面借方余额为521元。该企业本月发生了下列经济业务：

（1）购入甲材料一批，增值税专用发票上注明价款为50 000元，增值税款为6 500元，企业已开出面值为56 500元的商业承兑汇票，材料尚未到达企业。

（2）上述材料到达，验收入库，计划成本为52 000元。

（3）购入乙材料一批，买价为75 000元，增值税为9 750元，另支付运输费300元，增值税27元，装卸费179元，结算凭证和材料均已到达，材料已验收入库。月终货款仍未支付，运杂费已用银行存款支付。材料的计划成本为75 000元。

（4）本月领用原材料40 000元，其中：生产领用25 000元，管理部门领用10 000元，车间一般耗用5 000元。

要求：

根据上述资料编制相应会计分录。

2. 皖兴公司10月份有关包装物的业务（采购业务略）如下：

（1）生产领用包装物30 000件，每件成本为1.5元。

（2）销售部门领用包装销售商品的包装物（销售时不单独计价）50 000件，每件成本为2元。

(3) 销售商品时出借新包装物 200 件,单位成本为 5 元,收到包装物押金 1 500 元(出借包装物采用五五摊销法核算)。

(4) 出借包装物 200 件如数收回,押金退还。

(5) 销售商品时出租包装物 500 件,单位成本为 10 元,收取押金 8 000 元,预收租金 2 000 元,该包装物属未用包装物,采用五五摊销法核算。

(6) 已租出的 500 件包装物到期收回,实际收回 400 件,其中 100 件已不能周转使用予以报废,残料价值 50 元,已变卖收到现金;另外 100 件被租入方丢失,没收其押金 1 600 元,余款退回。

要求:

根据上述资料编制有关会计分录。

3. 皖兴公司对委托加工物资采用实际成本计价核算,10 月份有关委托加工物资的业务如下:

(1) 10 日发出原材料一批,成本为 20 000 元,委托甲企业进行加工(属于应税消费品)。

(2) 25 日,委托加工材料收回并验收入库,支付加工费 7 000 元(不含增值税)。双方适用的增值税税率为 13%,消费税税率为 10%。

要求:

(1) 如收回的材料直接用于销售,根据上述资料编制有关会计分录;

(2) 如收回的材料用于连续生产应税消费品,根据上述资料编制有关会计分录。

4. 某商场对商品采用售价金额核算,2023年1月初库存商品的进价成本为100万元,售价总额为110万元,本月购进该商品的进价为75万元,售价总额为90万元,本月销售收入为120万元。

要求：

计算本月销售商品和结存商品的实际成本。

五、综合题

甲公司为增值税一般纳税人,增值税税率为13%。生产中所需W材料按实际成本核算,采用月末一次加权平均法计算和结转发出材料成本。2023年6月1日,W材料结存1 400千克,账面余额为385万元,未计提存货跌价准备。甲公司2023年6月份发生的有关W材料业务如下：

(1) 6月3日,持银行汇票250万元购入W材料800千克,增值税专用发票上注明的货款为216万元,增值税额为28.08万元,对方代垫包装费1.8万元,材料已验收入库,剩余票款退回并存入银行。

(2) 6月6日,签发一张商业承兑汇票购入W材料590千克,增值税专用发票上注明的货款为163万元,增值税额为21.19万元,对方代垫保险费0.4万元,材料已验收入库。

(3) 6月10日,收到乙公司作为资本投入的W材料5 000千克,并验收入库。投资合同约定该批原材料价值(不含可抵扣的增值税进项税额)为1 415万元,增值税进项税额为183.95万元,乙公司开具增值税专用发票。假定合同约定的价值与公允价值相等,未发生资本溢价。

(4) 6月20日,销售W材料一批,开出增值税专用发票上注明的售价为171万元,增值税额为29.07万元,款项已由银行收妥。

(5) 6月30日,因自然灾害毁损W材料50千克,该批材料购入时支付的增值税为1.82万元。经保险公司核定应赔偿10万元,款项尚未收到,其余损失已经报有关部门批准做"营业外支出"处理。

(6) 6月份发出材料情况如下：

① 生产车间领用W材料2 000千克,用于生产A产品20件、B产品10件,A产品每件消耗定额为24千克,B产品每件消耗定额为52千克,材料成本在A、B产品之间按照定额消

耗量比例进行分配;车间管理部门领用700千克;企业行政管理部门领用450千克。

② 委托加工一批零部件,发出W材料100千克。

③ 6月30日,对外销售发出W材料600千克。

(7) 6月30日,W材料的预计可变现净值为1 000万元。

假定除上述资料外,不考虑其他因素。

要求:

(1) 编制甲公司第(1)至(5)项业务的会计分录;

(2) 计算甲公司6月份W材料的加权平均单位成本;

(3) 计算甲公司A产品、B产品应分配的W材料成本并编制相应的会计分录;

(4) 计算甲公司6月30日W材料账面余额;

(5) 计算甲公司6月30日W材料计提的跌价准备并编制会计分录;

(6) 计算甲公司6月30日应计入资产负债表"存货"项目的金额。

项目五 固定资产

学习指导

一、原材料与工程物资的区别

在自营建设固定资产的账务处理中,同学们经常看到企业为了建造固定资产而领用原材料与工程物资,这两者是有区别的,它们的区别在于企业购买它们的目的是不一样的,企业购买原材料是为了生产,购买工程物资是为了工程建设的需要。因此当工程领用原材料和工程物资时,它们的账务处理是不同的。一般情况下,我们遇到的题目中,领用原材料要考虑进项税的转出,而领用工程物资则不用考虑增值税的问题(还要注意区别动产和不动产的领用)。

二、工程物资盈亏和在建工程毁损、报废的会计处理

工程物资盈亏和在建工程毁损、报废的会计处理如图 5.1 所示。

三、加速折旧方法的比较

加速折旧方法的比较如表 5.1 所示。

表 5.1 加速折旧方法的比较

折旧方法	不 变	变 动
年数总和法	原价－残值	折旧率
双倍余额递减法	折旧率(最后两年除外)	原价－每一年折旧之和

四、固定资产减值的确定

账面价值与可收回金额 { 账面价值＜可收回金额 ⇒ 没减值
账面价值＞可收回金额 ⇒ 减值 ⇒ 编制会计分录

会计分录为：
借：资产减值损失
　　贷：固定资产减值准备

值得注意的是，可收回金额为可变现净值和未来预计现金流量现值中的较高者。

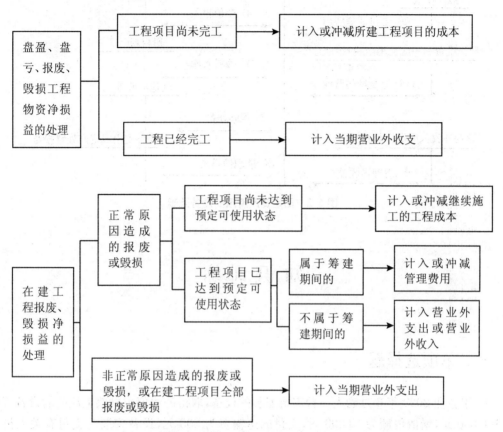

图5.1　工程物资盈亏和在建工程毁损、报废的会计处理

五、固定资产清理的账务处理

固定资产清理的账务处理如图5.2所示。

六、重要概念的理解

　　　　固定资产账面余额＝固定资产原价
　　　　固定资产账面净值＝固定资产原价－累计折旧
　　　　固定资产账面价值＝固定资产原价－累计折旧－固定资产减值准备

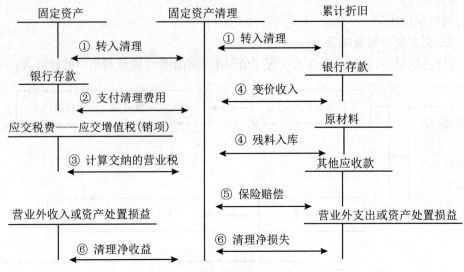

图 5.2 固定资产清理的账务处理

知 识 训 练

一、单项选择题

1. 甲企业 2023 年 3 月购入一台需要安装的设备,取得的增值税发票上注明的设备买价为 100 000 元,增值税额为 13 000 元,支付的运输费为 300 元,设备安装时支付有关人员工资 2 000 元。该固定资产的成本为( )元。
   A. 113 300　　　　　　　　　　　　B. 102 300
   C. 115 300　　　　　　　　　　　　D. 136 300

2. 在采用自营方式建造固定资产的情况下,下列项目中不应计入固定资产取得成本的有( )。
   A. 工程领用原材料的账面价值
   B. 生产车间为工程提供水、电等费用
   C. 工程领用自产产品的账面价值
   D. 工程在达到预定可使用状态后进行试运转时发生的支出

3. 企业建造固定资产领用自产产品时,相关的产品收入应借记的会计科目是( )。
   A. 管理费用　　　　　　　　　　　　B. 生产成本
   C. 在建工程　　　　　　　　　　　　D. 制造费用

4. 采用出包方式建造固定资产时,对于按合同规定预付的工程价款,应借记的会计科目是( )。
   A. 工程物资　　　　　　　　　　　　B. 固定资产

C. 预付账款　　　　　　　　　　D. 在建工程

5. 2023年3月1日,甲公司为降低采购成本,向乙公司一次购进了三套不同型号且具有不同生产能力的设备A、B和C。甲公司为该批设备共支付货款1 000万元,包装费10万元,全部以银行存款支付。假定设备A、B和C均满足固定资产的定义及其确认条件,公允价值分别为200万元、300万元、500万元,不考虑其他相关税费。甲公司不正确的会计处理是(　　)。

A. 确定计入固定资产成本的金额1 000万元　　B. A设备入账价值为202万元
C. B设备入账价值为303万元　　　　　　　　D. C设备入账价值为505万元

6. 企业接受投资者投入的一项固定资产,应按(　　)作为入账价值。

A. 投资方的账面原值

B. 公允价值

C. 投资方的账面价值

D. 投资合同或协议约定的价值,但合同或协议约定的价值不公允的除外

7. 如果购买固定资产的价款超过正常信用条件延期支付,实质上具有融资性质的,下列说法中正确的是(　　)。

A. 实际支付的价款与购买价款的现值之间的差额,无论是否符合资本化条件,均应当在信用期间内计入当期损益

B. 实际支付的价款与购买价款的现值之间的差额,无论是否符合资本化条件,均应当在信用期间内资本化

C. 固定资产的成本以购买价款为基础确定

D. 固定资产的成本以购买价款的现值为基础确定

8. 2023年1月1日,甲公司与乙公司签订协议,购入一台不需要安装的设备,合同约定,甲公司采用分期付款方式支付价款,该价款共计2 000万元(不含增值税),分5年等额支付,每年年末支付400万元,假定该公司确定的折现率为10%,则2023年应摊销的未确认融资费用为(　　)万元。[(P/A,10%,5)=3.790 8,计算结果保留两位小数。]

A. 151.63　　　　　　　　　　　　B. 160
C. 126.80　　　　　　　　　　　　D. 120

9. 下列各项中,对企业固定资产会计处理表述正确的是(　　)。

A. 盘盈的固定资产应计入营业外收入

B. 已提足折旧仍继续使用的固定资产不再计提折旧

C. 固定资产发生的符合资本化条件的后续支出计入当期损益

D. 已确定的固定资产减值损失在以后会计期间可以转回

10. 下列固定资产中,应计提折旧的是(　　)。

A. 季节性停用的设备　　　　　　　B. 当月交付使用的设备
C. 未提足折旧提前报废的设备　　　D. 已提足折旧继续使用的设备

11. 下列各项中,关于企业固定资产折旧会计处理表述不正确的是(　　)。

A. 自营建造厂房使用的自有固定资产,计提的折旧应计入管理费用

B. 基本生产车间使用的自有固定资产,计提的折旧应计入制造费用

C. 专设销售机构使用的自有固定资产,计提的折旧应计入销售费用

D. 短期租赁租出的固定资产,其计提的折旧应计入其他业务成本

12. 关于固定资产的使用寿命、预计净残值和折旧方法,下列说法中正确的是(　　)。
   A. 与固定资产有关的经济利益预期实现方式有重大改变的,应当调整预计净残值
   B. 与固定资产有关的经济利益预期实现方式有重大改变的,应当改变固定资产折旧方法
   C. 使用寿命预计数与原先估计数有差异的,应当调整固定资产使用寿命和折旧方法
   D. 预计净残值与原先估计数有差异的,应当调整固定资产使用寿命和折旧方法

13. 某设备的账面原价为80 000元,预计使用年限为5年,预计净残值为5 000元,按年限平均法计提折旧。该设备每年应计提的折旧额为(　　)元。
   A. 15 000　　　　　　　　　　B. 30 000
   C. 10 000　　　　　　　　　　D. 5 000

14. 甲公司2022年12月10日购入一条不需安装的生产线,原价为996万元,预计使用年限为5年,预计净残值为60万元,按年数总和法计提折旧。该固定资产2023年应计提的折旧额是(　　)万元。
   A. 312　　　　　　　　　　　B. 296.4
   C. 234　　　　　　　　　　　D. 192.56

15. 某项固定资产的原始价值为600 000元,预计可使用年限为5年,预计净残值为0。企业对该项固定资产采用双倍余额递减法计提折旧,则第2年对该项固定资产计提的折旧额为(　　)元。
   A. 240 000　　　　　　　　　B. 144 000
   C. 160 000　　　　　　　　　D. 120 000

16. 某项固定资产原值为25 500元,预计使用年限为5年,预计净残值为500元,按双倍余额递减法计提折旧,则第4年该固定资产计提的折旧额为(　　)元。
   A. 2 754　　　　　　　　　　B. 6 666.67
   C. 2 504　　　　　　　　　　D. 3 333.33

17. 对在建工程项目发生的净损失,如为非正常原因造成的报废或毁损,应将其净损失计入当期(　　)。
   A. 财务费用　　　　　　　　　B. 在建工程
   C. 营业外支出　　　　　　　　D. 固定资产

18. 2022年8月1日,甲公司对经营租入的某固定资产进行改良。2022年8月28日,改良工程达到预定可使用状态,发生资本化支出560万元,假设不考虑其他事项,发生的支出在两年内摊销,2022年度,甲公司长期待摊费用的余额为(　　)万元。
   A. 560　　　　　　　　　　　B. 280
   C. 443.33　　　　　　　　　D. 186.67

19. A企业2019年12月购入一项固定资产,原价为1 000万元,采用年限平均法计提折旧,使用寿命为10年,预计净残值为0,2022年12月该企业对该项固定资产的某一主要部件进行更换,2023年1月发生支出合计200万元,符合固定资产确认条件,被更换的部件的原价为400万元,此外更换的主要部件变价收入为100万元。则对该项固定资产进行更换后的原价为(　　)万元。

A. 610   B. 620
C. 710   D. 510

20. 甲公司于 2023 年 5 月 30 日将一项生产设备提前报废，该设备账面原值为 750 000 元，预计净残值为 0，预计使用年限为 5 年，采用年数总和法计提折旧。该设备截至报废日已使用 2 年，报废时发生清理费用 5 000 元，取得残值收入 2 000 元。则该设备报废时对企业当期税前利润的影响额为（　　）元。

A. 303 000   B. 300 000
C. 305 000   D. 302 000

二、多项选择题

1. 下列不能在固定资产账户核算的有（　　）。
   A. 正在建设的厂房　　B. 购入需要安装的设备
   C. 租入的设备　　　　D. 购入的不需安装的生产线

2. 下列各项中，应计入固定资产成本的有（　　）。
   A. 固定资产日常维修费
   B. 固定资产大修理费用
   C. 固定资产达到预定可使用状态前发生的专门借款利息
   D. 企业为取得固定资产而交纳的耕地占用税

3. 下列各项中，可能会对固定资产账面价值进行调整的有（　　）。
   A. 对固定资产修理发生的支出　　B. 对固定资产计提折旧
   C. 计提固定资产减值准备　　　　D. 对自有固定资产进行改良

4. 对于固定资产的成本，下列说法正确的是（　　）。
   A. 以一笔款项购入多项没有单独标价的固定资产，应当按照各项固定资产公允价值比例对总成本进行分配，分别确定各项固定资产的成本
   B. 购买固定资产的价款超过正常信用条件延期支付，实质上具有融资性质的，固定资产的成本以购买价款的现值为基础确定
   C. 自行建造固定资产的成本，由建造该项资产达到预定可使用状态前所发生的必要支出构成
   D. 投资者投入的固定资产，应按协议或合同约定的价值入账，但协议或合同约定的价值不公允的除外

5. 在采用自营方式建造固定资产的情况下，下列应计入固定资产取得成本的有（　　）。
   A. 工程耗用的原材料　　　　B. 工程人员的工资
   C. 工程领用本企业的商品　　D. 生产车间为工程提供水电等费用

6. 对于固定资产的折旧，下列说法正确的是（　　）。
   A. 当月增加的固定资产，当月不计提折旧
   B. 固定资产提足折旧后，不论能否继续使用，均不再计提折旧
   C. 提前报废的固定资产，也不再补提折旧

D. 当月减少的固定资产,当月照计提折旧

7. 下列各项固定资产中,应当计提折旧的有(　　)。
   A. 闲置的固定资产
   B. 单独计价入账的土地
   C. 季节性停用的固定资产
   D. 已提足折旧仍继续使用的固定资产

8. 下列各项中,影响固定资产折旧的因素有(　　)。
   A. 预计净残值
   B. 原价
   C. 已计提的减值准备
   D. 预计使用寿命

9. 以下表述正确的是(　　)。
   A. 管理部门使用的固定资产,计提的折旧应计入管理费用
   B. 销售部门使用的固定资产,计提的折旧应计入销售费用
   C. 经营租出的固定资产,计提的折旧应计入其他业务成本
   D. 生产车间使用的固定资产,计提的折旧全部计入生产成本

10. 关于在建工程报废、毁损净损益的处理,下列说法中正确的有(　　)。
    A. 非常原因造成的报废或毁损,应计入营业外支出
    B. 在建工程项目全部报废或毁损,应计入其他业务成本
    C. 属于筹建期间的正常原因造成的报废或毁损,工程项目已达到预定可使用状态,计入或冲减管理费用
    D. 正常原因造成的报废或毁损,工程项目尚未达到预定可使用状态,计入或冲减继续施工的工程成本

11. 下列与固定资产相关的账务处理中,应计入营业外支出的有(　　)。
    A. 经批准结转的固定资产盘亏损失
    B. 出售固定资产的净损失
    C. 报废固定资产的净损失
    D. 计提的固定资产减值准备

12. 下列各项中,应先通过"固定资产清理"科目核算的有(　　)。
    A. 盘亏的固定资产
    B. 盘盈的固定资产
    C. 出售的固定资产
    D. 投资的固定资产

13. 下列各项中应计入"固定资产清理"科目借方的有(　　)。
    A. 因出售固定资产而交纳的增值税
    B. 转让固定资产的变价收入
    C. 因自然灾害损失的固定资产账面价值
    D. 支付清理固定资产人员的工资

14. 下列事项中,影响利润的是(　　)。
    A. 计提管理部门不需用固定资产的折旧费
    B. 计提固定资产减值损失
    C. 购买固定资产支付的运杂费
    D. 处置固定资产形成的净损失

15. 下列各项中,影响固定资产清理净收益的因素应包括(　　)。
    A. 出售固定资产的价款
    B. 转让不动产应交纳的增值税
    C. 处置固定资产支付的相关费用
    D. 报废固定资产的原价

16. 下列表述正确的有(　　)。
    A. 房地产公司开发完成准备销售的房产应作为存货核算
    B. 为取得租金收入而出租的建筑物应作为投资性房地产核算
    C. 租入的固定资产发生的改良支出应作为固定资产核算
    D. 即使固定资产各组成部分具有不同的使用寿命,也应将其作为单项固定资产核算

17. 以下表述正确的有（   ）。
   A. 资产的公允价值减去处置费用后的净额与资产预计未来现金流量的现值两者之间较高者为固定资产可收回金额
   B. 资产的公允价值减去处置费用后的净额与资产预计未来现金流量的现值两者之间较低者为固定资产可收回金额
   C. 已计提减值准备的固定资产应按其减值后的账面价值以及尚可使用寿命重新计算确定折旧额
   D. 已经计提的固定资产减值准备不得转回

三、判断题

1. 以一笔款项购入多项没有单独标价的固定资产，应当按照各项固定资产的账面价值比例对总成本进行分配，分别确定各项固定资产的成本。（   ）
2. 只要是企业的固定资产，就应当计提折旧。（   ）
3. 企业生产车间发生的固定资产修理费用应计入"制造费用"。（   ）
4. 已达到预定可使用状态尚未办理竣工决算的固定资产，应当按照估计价值确定其成本，并计提折旧；待办理竣工决算后，再按实际成本调整原来的暂估价值，但不需要调整原已计提的折旧额。（   ）
5. 固定资产提足折旧后，不论能否继续使用，均不再计提折旧。（   ）
6. 企业以短期租赁方式租入的固定资产发生的改良支出，不应予资本化。（   ）
7. 将发生的固定资产后续支出计入固定资产成本的，应当终止确认被替换部分的账面价值。（   ）
8. 与固定资产有关的经济利益预期实现方式有重大改变的，应当改变固定资产折旧方法。（   ）
9. 企业应当对单独计价入账的土地计提折旧。（   ）
10. 正常报废和非正常报废的固定资产均应该通过"固定资产清理"科目进行核算。（   ）
11. 企业的在建工程凡发生中断，中断期间的专门借款利息一律计入财务费用。（   ）
12. 企业发生毁损的固定资产的净损失，应计入营业外支出。（   ）
13. 企业对融资租入的固定资产虽不拥有所有权，但能对其进行控制，故应将其作为本企业的固定资产核算。（   ）
14. 固定资产计提减值后，一旦影响减值的因素消失，减值可以在原已计提的范围内转回。（   ）
15. 工作量法计提折旧的特点是每期提取的折旧额相等。（   ）
16. 固定资产的入账价值中应当包括企业为取得固定资产而交纳的契税、耕地占用税、车辆购置税等相关税费。（   ）

四、计算分析题

1. 某固定资产原价为 200 000 元,净残值为 0,预计使用年限为 5 年。
要求:
分别用年限平均法、双倍余额递减法、年数总和法计算该固定资产每年应计提的折旧额。

2. 甲公司 2022 年 6 月 10 日购入一栋办公楼,金额为 10 000 万元,按直线法分 10 年计提折旧,无残值。
要求:
(1) 编写 2022 年 6 月购入时的会计分录;
(2) 编写 2022 年 7 月计提折旧的会计分录。

3. 某企业为增值税一般纳税人,该企业于 2022 年年初自行建造一项大型生产线,购入为工程准备的各种物资 200 000 元(不含增值税),实际领用工程物资 150 000 元,剩余物资转作企业生产用原材料;另外还领用了企业生产用的原材料一批,该批原材料不含增值税的买价为 3 000 元;分配工程人员工资 30 000 元,企业辅助生产车间为工程提供有关劳务支出 2 000 元,工程于 2022 年 6 月达到预定可使用状态并交付使用。该企业对该项固定资产采用年数总和法计提折旧,预计使用年限为 5 年,预计净残值为 510 元。
要求:
(1) 编制 2022 年与工程物资和固定资产购建有关的会计分录;
(2) 计算工程完工交付使用时固定资产的入账价值;

(3) 计算 2022 年该项固定资产的折旧额。（计算结果保留到小数点后两位。）

4. 甲公司 2022 年 12 月 31 日从乙公司购入不需安装的 A 生产设备作为固定资产使用，购货合同约定，A 设备的总价款为 1 500 万元，当日支付 600 万元，余款分 3 年于每年平均支付。设备预计净残值为 0，预计使用年限为 5 年，采用年数总和法计提折旧。假定同期银行借款年利率为 6%。[(P/A,6%,3)=2.673 0]

要求：
(1) 计算该设备的入账价值及未确认融资费用；
(2) 计算甲公司 2023、2024 年应确认的融资费用及应计提的折旧额。

5. 甲企业出售一台不需用机器设备，原价 80 000 元，已提折旧 20 000 元，已计提减值准备 10 000 元，经双方协商以 63 000 元出售，增值税为 8 190 元，在出售过程中以现金支付清理费 500 元。

要求：
(1) 计算甲企业出售该机器设备的净损益；
(2) 做出相关会计分录。

五、综合题

A 公司 2020 年至 2023 年与固定资产有关的业务资料如下：

(1) 2020 年 12 月 23 日，A 公司购进一台不需要安装的设备，取得的增值税专用发票上注明的设备价款为 300 万元，增值税为 39 万元，款项以银行存款支付；没有发生其他相关税费。该设备于当日投入使用，预计使用年限为 10 年，预计净残值为 0，采用直线法计提折旧。

(2) 2021 年 12 月 31 日，A 公司对该设备进行检查时发现其已经发生减值，预计可收回金额为 260 万元；计提减值准备后，该设备原预计使用年限、预计净残值、折旧方法保持不变。

(3) 2022 年 12 月 31 日，A 公司因生产经营方向调整，决定采用出包方式对该设备进行改良，改良工程验收合格后支付工程价款。该设备于当日停止使用，开始进行改良。

(4) 2023 年 3 月 3 日，改良工程完工并验收合格，A 公司以银行存款支付工程总价款 30 万元。当日，改良后的设备投入使用，预计尚可使用年限为 8 年，采用直线法计提折旧，预计净残值为 1.11 万元。2023 年 12 月 31 日，该设备未发生减值。

要求：

(1) 编制 2020 年 12 月 23 日取得该设备的会计分录；
(2) 计算 2021 年度该设备计提的折旧额；
(3) 计算 2021 年 12 月 31 日该设备计提的固定资产减值准备，并编制相应的会计分录；
(4) 计算 2022 年度该设备计提的折旧额；
(5) 编制 2022 年 12 月 31 日该设备转入改良时的会计分录；
(6) 编制 2023 年 3 月 3 日支付该设备改良价款、结转改良后设备成本的会计分录；
(7) 计算 2023 年度该设备计提的折旧额。（答案中的金额单位均用万元表示。）

项目六　无形资产

学 习 指 导

一、无形资产的初始计量

无形资产应当按照成本进行初始计量。无形资产的成本按取得无形资产并使之达到预定用途而发生的全部支出确定。土地使用权用于自行开发建造厂房等地上建筑物时,相关的土地使用权账面价值不转入在建工程成本,土地使用权与地上建筑物分别进行摊销和提取折旧。

二、内部研究与开发支出的确认和计量

研究是指为获得并理解新的科学或技术知识而进行的独创性的有计划的调查。开发是指在进行商业性生产或使用前,将研究成果或其他知识应用于某项计划或设计,以生产出新的或具有实质性改进的材料、装置、产品等。企业研究阶段的支出全部费用化,计入当期损益。开发阶段的支出符合资本化条件的才能资本化,计入无形资产成本;不符合资本化条件的,计入当期损益。

三、无形资产的后续计量

使用寿命有限的无形资产,摊销方法与所含经济利益预期实现方式有关,不一定是直线法,摊销时可能影响当期损益,也可能计入制造费用等,可能有残值,可能计提减值准备;使用寿命不确定的无形资产,不进行摊销,每期期末进行减值测试,计提减值准备。

四、无形资产的处置和报废

无形资产出租,确认其他业务收入和其他业务成本;无形资产出售,将取得的价款与该无形资产账面价值的差额计入当期损益(资产处置损益);无形资产报废,将该无形资产的账面价值予以转销,其账面价值转作当期损益(营业外支出)。

知 识 训 练

一、单项选择题

1. 接受投资者投入的无形资产,应按(　　)入账。
   A. 同类无形资产的价格
   B. 该无形资产可能带来的未来现金流量之和
   C. 投资各方合同或协议约定的价值,协议约定价值不公允的,按公允价入账
   D. 投资方无形资产账面价值

2. 甲股份有限公司的注册资本为10 000万元。2023年6月15日,甲股份有限公司接受乙公司以专利权进行投资。该专利权的账面价值为4 200万元,双方协议约定的价值为4 400万元(协议约定价值公允),占甲股份有限公司注册资本的20%。则甲股份有限公司接受乙公司投资的专利权入账价值为(　　)万元。
   A. 4 200   B. 4 000
   C. 2 000   D. 4 400

3. 下列有关无形资产的会计处理,正确的是(　　)。
   A. 将自创商誉确认为无形资产
   B. 将转让使用权的无形资产的摊销价值计入营业外支出
   C. 将转让所有权的无形资产的账面价值计入其他业务成本
   D. 将预期不能为企业带来经济利益的无形资产的账面价值转销

4. 企业出售无形资产发生的净损失,应当计入(　　)。
   A. 主营业务成本   B. 其他业务成本
   C. 管理费用   D. 资产处置损益

5. 企业出租无形资产取得的收入,应当计入(　　)。
   A. 主营业务收入   B. 其他业务收入
   C. 投资收益   D. 营业外收入

6. 对于无形资产摊销的会计处理,下列说法中不正确的有(　　)。
   A. 使用寿命有限的无形资产的应摊销金额应当在使用寿命内采用系统合理的方法摊销
   B. 企业应当自无形资产可供使用的次月起,至不再作为无形资产确认时停止摊销无形资产
   C. 无形资产的使用寿命与以前估计不同的,应当改变摊销期限
   D. 无形资产的摊销方法与以前估计不同的,应当改变摊销方法

7. 对于企业取得的已作为无形资产确认的正在进行中的研究开发项目发生的支出,下列说法中正确的是(　　)。

A. 应于发生时计入当期损益
B. 应计入无形资产成本
C. 属于研究开发项目研究阶段的支出,应当于发生时计入当期损益
D. 属于研究开发项目开发阶段的支出,应当于发生时计入当期损益

8. 甲公司 2022 年 2 月开始研制一项新技术,2022 年 5 月初研发成功,企业申请了专利技术。研究阶段发生相关费用 18 万元;开发过程发生工资费用 25 万元,材料费用 55 万元,发生的其他相关费用 5 万元(假定均可以资本化);申请专利时发生注册费等相关费用 10 万元。企业该项专利权的入账价值为( )万元。

A. 30 B. 85
C. 95 D. 108

9. 甲公司以 300 万元的价格对外转让一项专利权。该项专利权系甲公司以 480 万元的价格购入,购入时该专利权预计使用年限为 10 年。转让时该专利权已使用 5 年。假定不考虑其他相关税费,该专利权未计提减值准备,甲公司转让该专利权所获得的净收益为( )万元。

A. 5 B. 20
C. 45 D. 60

10. 下列有关土地使用权的说法中,不正确的是( )。
A. 企业取得的土地使用权用于出租或增值目的时应将其转为投资性房地产
B. 房地产开发企业取得土地用于建造对外出售的房屋建筑物,相关的土地使用权应当计入所建造的房屋建筑物成本
C. 房地产开发企业取得土地用于建造对外出售的房屋建筑物,土地使用权与地上建筑物应当分别进行摊销和提取折旧
D. 企业外购房屋建筑物支付的价款,应当在地上建筑物与土地使用权之间进行分配

11. 某企业于 2021 年 1 月 1 日购入一项专利权,实际支付款项 100 万元,按 10 年的预计使用寿命采用直线法摊销。2022 年年末,该无形资产的可收回金额为 60 万元,2023 年 1 月 1 日,对无形资产的使用寿命和摊销方法进行复核,该无形资产的尚可使用寿命为 5 年,摊销方法仍采用直线法。该专利权 2023 年应摊销的金额为( )万元。

A. 10 B. 15
C. 16 D. 12

12. 关于无形资产的后续计量,下列说法中正确的是( )。
A. 使用寿命不确定的无形资产应该按系统合理的方法摊销
B. 使用寿命不确定的无形资产,其应摊销金额应按 10 年摊销
C. 企业无形资产摊销方法,应当反映与该项无形资产有关的经济利益的预期实现方式
D. 无形资产的摊销方法只有直线法

13. 按照现行会计制度规定,下列各项中,股份有限公司应作为无形资产入账的是( )。
A. 开办费 B. 广告费
C. 获得土地使用权支付的土地出让金 D. 开发新技术过程中发生的研究费

14. 某企业出售一项3年前取得的专利权,该专利取得时的成本为20万元,按10年摊销,出售时取得收入40万元。不考虑增值税等其他因素,则出售该项专利时影响当期的损益为( )万元。

  A. 24   B. 26

  C. 15   D. 16

15. 2023年8月1日,某企业开始研究开发一项新技术,当月共发生研发支出800万元,其中,费用化的金额为650万元,符合资本化条件的金额为150万元。8月末,研发活动尚未完成。该企业2023年8月应计入当期利润总额的研发支出为( )万元。

  A. 0   B. 150

  C. 650   D. 800

16. 某企业转让一项专利权,与此有关的资料如下:该专利权的账面金额50万元,已摊销20万元,计提资产减值准备5万元,取得转让价款28万元。假设不考虑增值税等其他因素,该企业应确认的转让无形资产净收益为( )万元。

  A. -2   B. 1.6

  C. 3   D. 8

17. 下列各项关于无形资产会计处理的表述中,正确的是( )。

  A. 内部产生的商誉应确认为无形资产

  B. 计提的无形资产减值准备在该资产价值恢复时应予转回

  C. 使用寿命不确定的无形资产账面价值均应按10年平均摊销

  D. 以支付土地出让金方式取得的自用土地使用权应单独确认为无形资产

18. 甲公司2023年1月10日开始自行研究开发无形资产,12月31日达到预定用途。其中,研究阶段发生职工薪酬30万元、计提专用设备折旧40万元;进入开发阶段后,相关支出符合资本化条件前发生的职工薪酬30万元、计提专用设备折旧30万元,符合资本化条件后发生职工薪酬100万元、计提专用设备折旧200万元。假定不考虑其他因素,甲公司2023年对上述研发支出进行的下列会计处理中,正确的是( )。

  A. 确认管理费用70万元,确认无形资产360万元

  B. 确认管理费用30万元,确认无形资产400万元

  C. 确认管理费用130万元,确认无形资产300万元

  D. 确认管理费用100万元,确认无形资产330万元

19. 下列关于无形资产会计处理的表述中,正确的是( )。

  A. 当月增加的使用寿命有限的无形资产从下月开始摊销

  B. 无形资产摊销方法应当反映其经济利益的预期实现方式

  C. 价款支付具有融资性质的无形资产以总价款确定初始成本

  D. 使用寿命不确定的无形资产应采用年限平均法按10年摊销

20. 2023年1月20日,甲公司自行研发的某项非专利技术已经达到预定可使用状态,累计研究支出为80万元,累计开发支出为250万元(其中符合资本化条件的支出为200万元);但使用寿命不能合理确定。2023年12月31日,该项非专利技术的可收回金额为180万元。假定不考虑相关税费,甲公司应就该项非专利技术计提的减值准备为( )万元。

  A. 20   B. 70

C. 100 D. 150

21. 企业自行开发的无形资产的研发支出,在实际发生时计入(　　)科目。
A. 无形资产　　　　　　　　　　B. 管理费用
C. 研发支出　　　　　　　　　　D. 累计摊销

22. 企业摊销自用的无形资产时,借记"管理费用"等科目,贷记的科目是(　　)。
A. 无形资产　　　　　　　　　　B. 累计摊销
C. 累计折旧　　　　　　　　　　D. 无形资产减值准备

二、多项选择题

1. 关于无形资产的确认,应同时满足的条件有(　　)。
A. 符合无形资产的定义
B. 与该资产有关的经济利益很可能流入企业
C. 该无形资产的成本能够可靠地计量
D. 必须是企业外购的

2. 关于无形资产的初始计量,下列说法中正确的有(　　)。
A. 外购的无形资产,其成本包括购买价款、相关税费以及直接归属于使该项资产达到预定用途所发生的其他支出
B. 购入无形资产超过正常信用条件延期支付价款,实质上具有融资性质的,应按所购无形资产购买价款总额入账
C. 投资者投入的无形资产的成本,应当按照投资合同或协议约定的价值确定,但合同或协议约定价值不公允的除外
D. 企业取得的土地使用权应作为无形资产核算,一般情况下,当土地使用权用于自行开发建造厂房等地上建筑物时,相关的土地使用权账面价值不转入在建工程成本

3. 关于内部研究开发费用的确认和计量,下列说法中错误的有(　　)。
A. 企业研究阶段的支出应全部费用化,计入当期损益
B. 企业研究阶段的支出应全部资本化,计入无形资产成本
C. 企业开发阶段的支出应全部费用化,计入当期损益
D. 企业开发阶段的支出应全部资本化,计入无形资产成本

4. 下列有关无形资产使用权转让的会计处理中,正确的是(　　)。
A. 取得的收入应计入"营业外收入"
B. 取得的收入应计入"其他业务收入"
C. 转让使用权后继续摊销计入"其他业务成本"
D. 出租方将无形资产账面价值于出租时一次摊销

5. 下列各项中,不会引起无形资产账面价值发生增减变动的有(　　)。
A. 对无形资产计提减值准备
B. 企业内部研究开发项目研究阶段发生的支出
C. 摊销无形资产成本
D. 企业内部研究开发项目开发阶段的支出不满足"无形资产确认条件"

6. 无形资产的可收回金额是以下(　　)两者中的较大者。
   A. 无形资产的净值
   B. 无形资产的公允价值减去处置费用后的净额
   C. 无形资产的原值
   D. 无形资产的预计未来现金流量的现值
7. 关于无形资产处置,下列说法中正确的有(　　)。
   A. 企业出售无形资产,应当将取得的价款与该无形资产账面价值的差额计入当期损益
   B. 企业出售无形资产,应当将取得的价款与该无形资产账面净值的差额计入当期损益
   C. 无形资产预期不能为企业带来经济利益的,应当将该无形资产的账面价值予以转销
   D. 无形资产预期不能为企业带来经济利益的,也应按原预定方法和使用寿命摊销
8. 下列有关无形资产会计处理的表述中,正确的有(　　)。
   A. 无形资产后续支出应该在发生时计入当期损益
   B. 不能为企业带来经济利益的无形资产的摊余价值,应该全部转入当期的管理费用
   C. 企业自用的、使用寿命确定的无形资产的摊销金额,应该全部计入当期管理费用
   D. 使用寿命有限的无形资产应当在取得当月起开始摊销
9. 下列有关无形资产的后续计量的说法中,不正确的是(　　)。
   A. 企业无形资产的摊销方法应当反映与该项无形资产有关的经济利益的预期实现方式
   B. 不能为企业带来经济利益的无形资产的摊余价值,应该全部转入当期的管理费用
   C. 企业出售无形资产,应当将取得的价款与该无形资产账面净值的差额计入当期损益
   D. 使用寿命不确定的无形资产,其应摊销的金额应该按照10年进行摊销
10. 下列各项支出中,应计入无形资产成本的有(　　)。
    A. 购入专利权发生的支出　　　　　　B. 购入非专利技术发生的支出
    C. 取得土地使用权发生的支出　　　　D. 研发新技术在研究阶段发生的支出
11. 根据会计具体准则的规定,企业在自行开发并取得专利权的过程中所发生的下列费用,不计入该专利权入账价值的有(　　)。
    A. 依法取得专利权发生的聘请律师费和注册费
    B. 开发过程中发生的符合资本化条件的开发支出
    C. 研究过程中领用的材料
    D. 研究过程中发生的人工费
12. 出售无形资产的转让成本包括(　　)。
    A. 出售无形资产的洽谈费用和差旅费　　B. 出租无形资产取得的收入
    C. 无形资产的原值　　　　　　　　　　D. 无形资产已计提的摊销

三、判断题

1. 无形资产是指企业拥有或控制的没有实物形态的非货币性资产,包括可辨认非货币性无形资产和不可辨认无形资产。（　）
2. 无形资产摊销时,应该冲减无形资产的成本。（　）
3. 已计入各期费用的研究费用,在该项无形资产获得成功并依法申请专利时,再将原已计入费用的研究费用予以资本化。（　）
4. 购入无形资产超过正常信用条件延期支付价款,实质上具有融资性质的,应按所购无形资产购买价款入账。（　）
5. 专门用于生产过程的无形资产,其摊销金额计入当期损益。（　）
6. 企业取得的使用寿命有限的无形资产均应按直线法摊销。（　）
7. 如果无形资产逾期不能为企业带来经济利益,应当将其报废并转销。（　）
8. 企业至少应当于每年年度终了,对使用寿命有限的无形资产的使用寿命及摊销方法进行复核。无形资产的使用寿命及摊销方法与以前估计不同的,应当改变摊销期限和摊销方法。（　）
9. 投资者投入的无形资产的成本,都应当按照投资合同或协议约定的价值确定入账价值。（　）
10. 专门用于生产某产品的无形资产,其所包含的经济利益通过所生产的产品实现的,该无形资产的摊销额应计入产品成本。（　）
11. 使用寿命不确定的无形资产,不需要进行摊销,也不需要进行减值测试计提减值准备。（　）
12. 使用寿命有限的无形资产一定无残值。（　）
13. 企业自行研究开发无形资产,其中开发阶段的支出应当全部资本化。（　）
14. 无形资产在摊销时,当月增加的无形资产当月不进行摊销,下月起开始摊销。（　）
15. 无形资产的摊销应计入"其他业务成本"。（　）
16. 企业为自创并依法取得的专利权所发生的研究开发费用应计入当期损益。（　）

四、计算分析题

1. 某企业用银行存款10万元购入一项专利权,该企业经营期为20年,该项专利权法律规定的有效年限为10年。两年后,该企业将上述专利权的所有权转让,取得转让收入10万元,转让专利权涉及的增值税税率为6%。

要求:
编制该企业购入专利权、每年专利权摊销和转让专利权的会计分录。

2. 甲股份有限公司 2017 年至 2023 年无形资产及其他资产有关的资料如下：

（1）2017 年 12 月 1 日，以银行存款 600 万元购入一项无形资产（不考虑相关税费），该无形资产的预计使用年限为 10 年。

（2）2021 年 12 月 31 日，预计该无形资产的可收回金额为 284 万元，该无形资产发生减值后，原预计使用年限不变。

（3）2022 年 12 月 31 日，预计该无形资产的可收回金额为 259.6 万元，调整该无形资产减值准备后，原预计使用年限不变。

（4）2023 年 4 月 1 日，将该无形资产对外出售，取得价款 290 万元并收存银行（不考虑相关税费）。

要求：

（1）编制购入该无形资产的会计分录；

（2）计算 2021 年 12 月 31 日该无形资产的账面净值；

（3）编制 2021 年 12 月 31 日该无形资产计提减值准备的会计分录；

（4）计算 2022 年 12 月 31 日该无形资产的账面净值；

（5）编制 2022 年 12 月 31 日调整该无形资产减值准备的会计分录；

（6）计算 2023 年 3 月 31 日该无形资产的账面净值；

（7）计算该无形资产出售形成的净损益；

（8）编制该无形资产出售的会计分录。（答案中的金额单位用万元表示。）

3. 甲上市公司自行研究开发一项专利技术，与该专利技术有关的资料如下：

（1）2023 年 1 月，该项研发活动进入开发阶段，以银行存款支付的开发费用为 400 万元，其中满足资本化条件的支出为 300 万元。2023 年 7 月 1 日，开发活动结束，并按法律程序申请取得专利权，供企业行政管理部门使用。

（2）该项专利权法律规定有效期为 5 年，采用直线法摊销。

(3) 2024年1月1日,将该项专利权转让,实际取得价款为280万元(不含增值税),增值税税率为6%,款项已存入银行。

要求:

(1) 编制甲上市公司发生开发支出的会计分录;

(2) 编制甲上市公司转销费用化开发支出的会计分录;

(3) 编制甲上市公司形成专利权的会计分录;

(4) 编制甲上市公司2023年7月专利权摊销的会计分录;

(5) 编制甲上市公司转让专利权的会计分录。(答案中的金额单位用万元表示。)

五、综合题

2020年1月1日,甲企业外购A无形资产,实际支付的价款为100万元。该无形资产可供使用时起至不再作为无形资产确认时止的年限为5年。2021年12月31日,由于与A无形资产相关的经济因素发生不利变化,致使A无形资产发生价值减值。甲企业估计其可收回金额为18万元。

2023年12月31日,甲企业发现,导致A无形资产在2021年发生减值损失的不利经济因素已全部消失,且此时估计A无形资产的可收回金额为22万元。假定不考虑所得税及其他相关税费的影响。

要求:

编制从无形资产购入到无形资产使用期满相关业务的会计分录。(金额单位用万元表示。)

项目七　投资性房地产

学习指导

一、投资性房地产的概念

投资性房地产,是指为赚取租金或资本增值,或两者兼有而持有的房地产。投资性房地产应当能够单独计量和出售。

(一)属于投资性房地产的项目

投资性房地产主要包括:已出租的土地使用权、持有并准备增值后转让的土地使用权和已出租的建筑物。已出租的建筑物,是指企业拥有产权并以经营租赁方式出租的房屋建筑物;已出租的土地使用权,是指企业通过出让或转让方式取得,并以经营租赁方式出租的土地使用权;持有并准备增值后转让的房产不是投资性房地产,因为持有并准备增值后转让的房产具有投机的动机。如果持有并准备增值后转让的房产以前属于存货,则仍然作为存货;如果以前属于固定资产,则仍然作为固定资产。投资性房地产一定要拥有产权,如果没有单独的产权证,就不能作为投资性房地产。

(二)不属于投资性房地产的项目

(1)自用房地产。
(2)作为存货的房地产。

二、投资性房地产的确认与计量

对于企业外购的房地产,只有在购入房地产的同时开始对外出租或用于资本增值,才能称之为外购的投资性房地产。

外购投资性房地产的成本,包括购买价款、相关税费和可直接归属于该资产的其他支出。企业购入房地产,自用一段时间之后再改为出租或用于资本增值的,应当先将外购的房地产确认为固定资产或无形资产,自租赁期开始日或用于资本增值之日起,再从固定资产或无形资产转换为投资性房地产。

企业自行建造或开发的房地产,只有在自行建造或开发活动完成(即达到预定可使用状态)的同时开始对外出租或用于资本增值,才能将自行建造的房地产确认为投资性房地产。企业自行建造或开发完成取得的投资性房地产,其成本包括建造该项资产达到预定可使用状态前发生的必要支出构成,包括土地开发费、建安成本、应予以资本化的借款费用、支付的其他费用和分摊的间接费用等。

企业自行建造房地产达到预定可使用状态后一段时间才对外出租或用于资本增值的,应当先将自行建造的房地产确认为固定资产或无形资产,自租赁期开始日或用于资本增值之日开始,从固定资产或无形资产转换为投资性房地产。

三、投资性房地产的后续计量

企业通常应当采用成本模式对投资性房地产进行后续计量,满足特定条件的也可以采用公允价值模式对投资性房地产进行后续计量。但是,同一企业只能采用一种模式对所有投资性房地产进行后续计量,不得同时采用两种计量模式。

采用成本模式进行后续计量的投资性房地产:

科目设置:投资性房地产

    投资性房地产累计折旧(摊销)

    投资性房地产减值准备

在成本模式下,应当按照固定资产或无形资产的有关规定,对投资性房地产进行后续计量,计提折旧或摊销;存在减值迹象的,还应当按照资产减值的有关规定进行处理。注意:自建的投资性房地产,由在建工程转入成本模式的投资性房地产,同固定资产计提折旧的时间范围相同,即当月增加当月不提折旧;如果是由固定资产转入的投资性房地产,不存在折旧中断的问题。

成本模式下与投资性房地产有关的后续支出,满足确认条件的应当计入投资性房地产的成本,不满足确认条件的应当在发生时计入当期损益。

购入时:

借:投资性房地产

  贷:银行存款

收租金:

借:银行存款

  贷:其他业务收入

    应交税费——应交增值税(销项税额)

按期对投资性房地产计提折旧或摊销:

借:其他业务成本

  贷:投资性房地产累计折旧(摊销)

成本模式下投资性房地产进入改扩建或装修阶段,应当将其账面价值转入改扩建工程。使用"投资性房地产——在建"科目。在改扩建期间不计提折旧或摊销。

改扩建时:

借:投资性房地产——在建(账面价值)
　　投资性房地产累计折旧(摊销)
　　投资性房地产减值准备
　贷:投资性房地产
发生改良支出时:
借:投资性房地产——在建
　贷:银行存款等
完工时:
借:投资性房地产
　贷:投资性房地产——在建

投资性房地产存在减值迹象的,应当适用资产减值的有关规定。经减值测试后确定发生减值的,应当计提减值准备,会计处理为:
借:资产减值损失
　贷:投资性房地产减值准备

企业只有存在确凿证据表明投资性房地产的公允价值能够持续可靠取得,才可以采用公允价值模式对投资性房地产进行后续计量。
科目设置:投资性房地产——成本
　　　　　　　　　　　——公允价值变动

采用公允价值模式计量的投资性房地产不计提折旧或进行摊销,也不计提减值准备。购入时,应当按照取得时的实际成本进行初始计量,其成本包括购买价款、相关税费和可直接归属于该资产的其他支出,会计处理为:
借:投资性房地产——成本
　贷:银行存款

自行建造取得或开发完成的投资性房地产,其成本包括建造该项资产达到预定可使用状态前发生的必要支出构成,包括土地开发费、建安成本、应予以资本化的借款费用、支付的其他费用和分摊的间接费用等,会计处理为:
借:投资性房地产——成本
　贷:在建工程
　　　开发成本

持有期间公允价值上升时:
借:投资性房地产——公允价值变动
　贷:公允价值变动损益
持有期间公允价值下降时:
借:公允价值变动损益
　贷:投资性房地产——公允价值变动
公允价值模式下投资性房地产进入改扩建或装修阶段时:
借:投资性房地产——在建(账面价值)
　贷:投资性房地产——成本
　　　　　　　　　——公允价值变动(也可能在借方)

完工时：
借：投资性房地产——成本
　　贷：投资性房地产——在建

四、投资性房地产后续计量模式的变更

企业对投资性房地产的计量模式一经确定，不得随意变更。以成本模式转为公允价值模式的，应当作为会计政策变更处理，将计量模式变更时公允价值与账面价值的差额，调整期初留存收益。已采用公允价值模式计量的投资性房地产，不得从公允价值模式转为成本模式。

变更时：
借：投资性房地产——成本
　　投资性房地产累计折旧(摊销)
　　投资性房地产减值准备
　　贷：投资性房地产
　　　　盈余公积(也可能在借方)
　　　　利润分配——未分配利润(也可能在借方)

五、投资性房地产的转换和处置

转换形式："自用房地产或存货"与"投资性房地产"的转换。
转换日："自用房地产或存货"转换为"投资性房地产"，租赁期开始日："投资性房地产"转换为"自用房地产"，房地产达到自用状态日期。

（一）成本模式下的转换

应当按转换前的账面余额、累计折旧、减值准备等作为转换后的账面余额、累计折旧、减值准备。转换方式如图7.1所示。

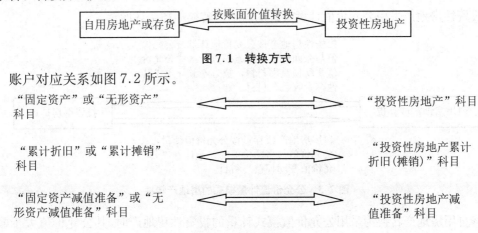

图7.1　转换方式

账户对应关系如图7.2所示。

图7.2　账户对应关系

(1) 将自用的建筑物等转换为投资性房地产的,其会计处理为:
借:投资性房地产
　　累计折旧(或累计摊销)
　　固定资产减值准备(或无形资产减值准备)
　　贷:固定资产(无形资产)
　　　　投资性房地产累计折旧(或投资性房地产累计摊销)
　　　　投资性房地产减值准备
(2) 将投资性房地产转换为自用的建筑物的,其会计处理为:
借:固定资产(或无形资产)
　　投资性房地产累计折旧(摊销)
　　投资性房地产减值准备
　　贷:投资性房地产
　　　　累计折旧(或累计摊销)
　　　　固定资产减值准备(或无形资产减值准备)
(3) 房地产开发企业,将作为存货的房地产转换为投资性房地产的,在转换日,其会计处理为:
借:投资性房地产(账面价值)
　　存货跌价准备(已计提存货跌价准备)
　　贷:开发产品(账面余额)
(4) 房地产开发企业,将作为投资性房地产转换为存货的房地产的,在转换日,其会计处理为:
借:开发产品(账面价值)
　　投资性房地产累计折旧(摊销)
　　投资性房地产减值准备
　　贷:投资性房地产(账面余额)

(二)公允价值模式下的转换

投资性房地产采用公允价值计量模式的房地产转换如图7.3所示。

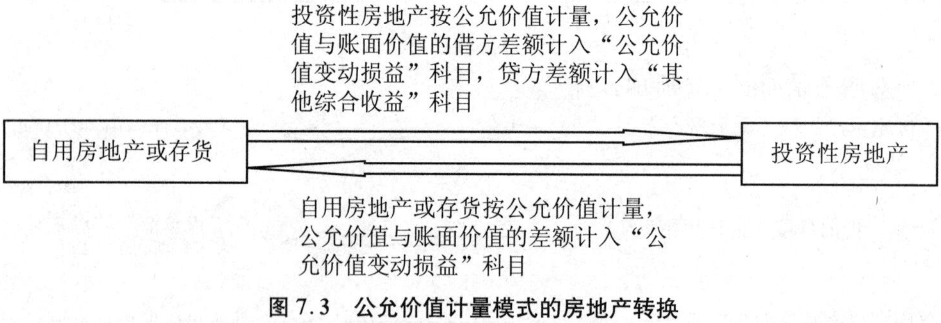

投资性房地产按公允价值计量,公允价值与账面价值的借方差额计入"公允价值变动损益"科目,贷方差额计入"其他综合收益"科目

自用房地产或存货 ⇌ 投资性房地产

自用房地产或存货按公允价值计量,公允价值与账面价值的差额计入"公允价值变动损益"科目

图7.3 公允价值计量模式的房地产转换

将自用房地产转换为采用公允价值模式计量的投资性房地产时,其公允价值大于账面价值的差额计入"其他综合收益"贷方,这里遵循了谨慎性原则。房地产开发企业,将作为存

货的房地产转换为投资性房地产的,转换日会计处理为:
　　借:投资性房地产——成本(转换日的公允价值)
　　　　存货跌价准备(已计提存货跌价准备)
　　　　公允价值变动损益(借方差额)
　　　　贷:开发产品(账面金额)
　　　　　　其他综合收益(贷方差额)

企业出售、转让、报废投资性房地产或者发生投资性房地产毁损时,应当将处置收入扣除其账面价值和相关税费后的金额计入当期损益(将实际收到的处置收入计入其他业务收入,所处置投资性房地产的账面价值计入其他业务成本)。

成本模式下处置投资性房地产时:
　　借:银行存款
　　　　贷:其他业务收入
　　同时,
　　借:其他业务成本
　　　　投资性房地产累计折旧(摊销)
　　　　投资性房地产减值准备
　　　　贷:投资性房地产

公允价值模式下处置投资性房地产时:
　　借:银行存款(实际收到的金额)
　　　　贷:其他业务收入
　　借:其他业务成本
　　　　贷:投资性房地产(成本)
　　　　　　投资性房地产(公允价值变动)(借或贷)
　　同时,
　　借:公允价值变动损益
　　　　贷:其他业务成本或相反分录

若投资性房地产是由自用房地产转换来的,还应把转换日计入其他综合收益的金额转入当期损益:
　　借:其他综合收益
　　　　贷:其他业务成本

知识训练

一、单项选择题

1. 根据《企业会计准则——投资性房地产》，下列项目中不属于投资性房地产的是（　　）。
   A. 持有并准备增值后转让的房屋建筑物　　B. 已出租的土地使用权
   C. 已出租的建筑物　　D. 持有并准备增值后转让的土地使用权

2. 企业将作为存货的房地产转换为采用公允价值模式计量的投资性房地产时，转换日其公允价值大于账面价值的差额，应确认为（　　）。
   A. 其他综合收益　　B. 营业外收入
   C. 其他业务收入　　D. 公允价值变动损益

3. 长江公司于2023年1月1日将一幢商品房对外出租并采用公允价值模式计量，租期为3年，每年12月31日收取租金100万元，出租时，该幢商品房的成本为2 000万元，公允价值为2 200万元，2023年12月31日，该幢商品房的公允价值为2 150万元。长江公司2023年应确认的公允价值变动损益为（　　）万元。
   A. 损失50　　B. 收益150
   C. 损失150　　D. 损失100

4. 下列关于投资性房地产核算的表述中，正确的是（　　）。
   A. 采用成本模式计量的投资性房地产不需要确认减值损失
   B. 采用公允价值模式计量的投资性房地产可转换为成本模式计量
   C. 采用公允价值模式计量的投资性房地产，公允价值的变动金额应计入资本公积
   D. 采用成本模式计量的投资性房地产，符合条件时可转换为公允价值模式计量

5. 甲公司为房地产开发企业，2023年3月31日，甲公司将实际开发成本为9 000万元的该商品房以经营租赁方式提供给乙公司使用，租赁期为10年。甲公司对该商品房采用成本模式进行后续计量并按年限平均法计提折旧，预计使用寿命为50年，预计净残值为0。假定不考虑其他因素，下列关于甲公司2023年12月31日资产负债表项目列报，正确的是（　　）。
   A. 存货为9 000万元　　B. 固定资产为8 865万元
   C. 投资性房地产为8 820万元　　D. 投资性房地产为8 865万元

6. 甲公司的投资性房地产采用公允价值计量模式。2023年7月1日，甲公司将一项固定资产转换为投资性房地产。该固定资产的账面余额为200万元，已提折旧20万元，已经计提的减值准备为10万元。该投资性房地产的公允价值为190万元。转换日投资性房地产的入账价值为（　　）万元。
   A. 200　　B. 190

C. 170 D. 180

7. 关于投资性房地产后续计量模式的转换,下列说法正确的是(　　)。
A. 已经采用公允价值模式计量的投资性房地产,不得从公允价值模式转为成本模式
B. 企业对投资性房地产的计量模式可以随意选择
C. 成本模式转为公允价值模式的,应当作为会计估计变更
D. 已经采用成本模式计量的投资性房地产,不得从成本模式转为公允价值模式

8. 下列有关投资性房地产的会计处理中,说法不正确的有(　　)。
A. 采用公允价值模式计量的投资性房地产,不计提折旧或进行摊销,应当以资产负债表日投资性房地产的公允价值为基础调整其账面价值
B. 采用公允价值模式计量的投资性房地产转为成本模式,应当作为会计政策变更
C. 采用成本模式计量的土地使用权,期末应当确认土地使用权当期的摊销额
D. 存货转换为采用公允价值模式计量的投资性房地产,应当按照该项投资性房地产转换当日的公允价值计量

9. A公司的投资性房地产采用成本模式计量。2023年4月1日,A公司将一项投资性房地产转换为固定资产。转换时该投资性房地产的账面余额为300万元,已提折旧60万元,已经计提的减值准备为20万元。该投资性房地产的公允价值为200万元。转换日固定资产的账面价值为(　　)万元。
A. 240 B. 200
C. 220 D. 300

10. 存货转换为采用公允价值模式计量的投资性房地产,投资性房地产应当按照转换当日的公允价值计量。转换当日的公允价值小于原账面价值的差额通过(　　)科目核算。
A. 营业外支出 B. 公允价值变动损益
C. 投资收益 D. 资本公积

11. 甲公司的投资性房地产采用公允价值计量模式。2023年11月1日,该公司将一项固定资产转换为投资性房地产。该固定资产的账面余额为400万元,已提折旧160万元,已经计提的减值准备为20万元。该投资性房地产的公允价值为260万元。转换日公允价值与账面价值的差额是(　　)万元。
A. 其他综合收益 40 B. 资本公积 20
C. 公允价值变动损益 40 D. 公允价值变动损益 20

12. A企业的投资性房地产采用公允价值计量模式。2023年1月1日,该企业将一项固定资产转换为投资性房地产。该固定资产的账面余额为200万元,已提折旧40万元,已经计提的减值准备为20万元,转换当日的公允价值为135万元,转换日影响当期损益的金额是(　　)万元。
A. 0 B. 5
C. 15 D. 35

13. 甲企业2023年1月1日外购一幢建筑物。该建筑物的售价(不含税)为650万元,以银行存款支付。该建筑物用于出租,年租金为60万元,每年年初收取租金。该企业对此项投资性房地产采用公允价值模式进行后续计量。2023年12月31日,该建筑物的公允价值为680万元。不考虑相关的税费,2023年该项交易影响当期损益的金额为(　　)万元。

A. 60 B. 90
C. 30 D. 50

14. 企业投资性房地产取得的租金收入,应该贷记( )科目。
    A. 投资收益 B. 公允价值变动损益
    C. 营业外收入 D. 其他业务收入

15. A公司将采用公允价值模式计量的投资性房地产转为自用房地产,转换日该投资性房地产的公允价值为3 300万元,转换前该投资性房地产的账户余额为2 300万元,其中"投资性房地产——成本"为3 000万元,"投资性房地产——公允价值变动"为700万元,则转换日该固定资产的入账价值为( )万元。
    A. 3 000 B. 3 300
    C. 2 300 D. 3 700

16. 企业处置一项以成本模式计量的投资性房地产,实际收到的金额为80万元,投资性房地产的账面余额为150万元,累计计提的折旧金额为90万元,计提的减值准备金额为20万元。假设不考虑相关税费,处置该项投资性房地产的净收益为( )万元。
    A. 40 B. 60
    C. 50 D. 70

17. 甲公司于2021年1月1日外购一建筑物,该建筑物用于出租,不含税售价为600万元,年租金为40万元,每年年初收取。采用公允价值模式对其进行后续计量。2022年12月31日该建筑物的公允价值为580万元,2023年1月1日甲公司出售该建筑物,售价为590万元,不考虑相关的税费,处置时影响当期损益的金额是( )万元。
    A. 10 B. -10
    C. 20 D. 30

18. 企业出售、转让、报废投资性房地产时,应当将所处置投资性房地产的账面价值计入( )。
    A. 公允价值变动损益 B. 投资收益
    C. 其他业务成本 D. 资本公积

二、多项选择题

1. 关于房地产转换后的入账价值的确定,下列说法中正确的有( )。
   A. 在成本模式下,应当将房地产转换前的账面价值作为转换后的入账价值
   B. 采用公允价值模式计量的投资性房地产转换为自用房地产时,应当以其转换当日的公允价值作为自用房地产的账面价值
   C. 采用公允价值模式计量的投资性房地产转换为自用房地产时,应当以其转换当日的账面价值作为自用房地产的账面价值
   D. 自用房地产或存货转换为采用公允价值模式计量的投资性房地产时,投资性房地产按照转换当日的账面价值计价

2. 关于投资性房地产的后续计量,下列说法中错误的有( )。
   A. 采用公允价值模式计量的,不对投资性房地产计提折旧

B. 采用公允价值模式计量的,应对投资性房地产计提折旧

C. 已采用公允价值模式计量的投资性房地产,不得从公允价值模式转为成本模式

D. 已采用成本模式计量的投资性房地产,不得从成本模式转为公允价值模式

3. 投资性房地产有关的后续支出中,下列说法中正确的有( )。

A. 采用成本模式的计量下当月增加的房屋当月不计提折旧

B. 采用成本模式的计量下当月增加的土地当月进行摊销

C. 采用公允模式的计量下当月增加的房屋下月开始计提折旧

D. 采用成本模式的计量下当月增加的土地当月不进行摊销

4. 下列有关投资性房地产后续计量会计处理的表述中,正确的有( )。

A. 不同企业可以分别采用成本模式或公允价值模式

B. 满足特定条件时可以采用公允价值模式

C. 同一企业可以分别采用成本模式和公允价值模式

D. 同一企业不得同时采用成本模式和公允价值模式

5. 下列关于投资性房地产后续计量模式的变更,正确的表述是( )。

A. 企业对投资性房地产的计量模式一经确定,不得随意变更

B. 成本模式转为公允价值模式的,应当作为会计政策变更处理

C. 已采用公允价值模式计量的投资性房地产,不得从公允价值模式转为成本模式

D. 计量模式变更时公允价值与账面价值的差额,调整期初留存收益

6. 对投资性房地产的后续计量,下列说法中正确的是( )。

A. 企业通常应当采用成本模式对投资性房地产进行后续计量,也可采用公允价值模式对投资性房地产进行后续计量

B. 企业选择采用公允价值模式对投资性房地产进行后续计量的,以后期间也可采用成本模式对投资性房地产进行后续计量

C. 投资性房地产的后续计量模式一经确定不得随意变更

D. 企业只能采用公允价值模式对投资性房地产进行后续计量

7. 企业将自用房地产或存货转换为采用公允价值模式计量的投资性房地产,下列说法正确的有( )。

A. 自用房地产或存货转换为采用公允价值模式计量的投资性房地产,该项投资性房地产应当按照转换当日的账面价值计量

B. 自用房地产或存货转换为采用公允价值模式计量的投资性房地产,该项投资性房地产应当按照转换当日的公允价值计量

C. 转换当日的公允价值小于原账面价值的差额计入公允价值变动损益

D. 转换当日的公允价值小于原账面价值的差额计入资本公积(其他资本公积)

8. 下列情况下,企业可将其他资产转换为投资性房地产的有( )。

A. 原自用生产线停止自用改为出租

B. 房地产企业将开发的准备出售的商品房改为经营出租

C. 自用建筑物停止自用改为经营出租

D. 经营出租的土地使用权收回改为自用

9. 采用公允价值模式进行后续计量的投资性房地产,应当同时满足( )条件。

A. 企业能够取得交易价格的信息
B. 投资性房地产所在地有活跃的房地产交易市场
C. 所有的投资性房地产有活跃的房地产交易市场
D. 企业能够从活跃的房地产交易市场上取得同类或类似房地产的市场价格及其他相关信息,从而对投资性房地产的公允价值做出合理的估计

10. 将投资性房地产转换为其他资产或者将其他资产转换为投资性房地产时,下列关于转换日的确定,叙述正确的有(　　)。
A. 企业于2023年5月15日开始将原本用于出租的房地产改用于自身生产使用,则该房地产的转换日为2023年5月15日
B. 房地产开发企业2023年6月30日决定将其持有的开发产品以经营租赁的方式出租,租赁期开始日为2023年7月1日,则该房地产的转换日为2023年7月1日
C. 企业于2023年10月20日将原本用于经营管理的土地使用权停止自用,于2023年11月30日改用于资本增值,则该房地产的转换日为2023年10月20日
D. 企业于2023年6月4日将原本用于生产商品的房地产改用于出租,租赁期开始日为2023年7月1日,则该房地产的转换日为2023年7月1日

11. 下列各项中,影响企业当期损益的是(　　)。
A. 采用成本模式计量,期末投资性房地产的可收回金额高于账面价值的差额
B. 采用成本模式计量,期末投资性房地产的可收回金额高于账面余额的差额
C. 企业将采用公允价值计量的投资性房地产转为自用的房地产时,转换日的公允价值高于账面价值的差额
D. 自用的房地产转换为采用公允价值模式计量的投资性房地产时,转换日房地产的公允价值小于账面价值的差额

12. 下列表述正确的有(　　)。
A. 按照国家有关规定认定的闲置土地属于持有并准备转让的土地使用权
B. 某项房地产部分用于出租,部分用于自用,能够区分的分开核算出租部分和自用部分
C. 某项房地产部分用于出租,部分用于自用,能够区分的分开核算出租部分和自用部分,不能区分的全部作为投资性房地产核算
D. 某项房地产部分用于出租,部分用于自用,能够区分的分开核算出租部分和自用部分,不能区分的全部作为自用房产核算

13. 下列属于企业投资性房地产的有(　　)。
A. 企业经营租赁方式出租的办公楼　　B. 企业自行建造的已出租的厂房
C. 企业生产经营用的房地产　　D. 企业经营租赁方式出租的生产线

14. 下列项目中,不属于投资性房地产的有(　　)。
A. 已出租的生产线　　B. 持有并准备增值后转让的建筑物
C. 按照国家有关规定认定的闲置土地　　D. 经营租赁方式租入的建筑物再出租的

15. 下列关于成本计量模式下企业处置投资性房地产会计处理的说法中,正确的有(　　)。
A. 应使用"投资性房地产清理"科目

B. 应按实收金额贷记"其他业务收入"科目
C. 应按投资性房地产的账面价值借记"其他业务成本"科目
D. 应将实收金额与投资性房地产账面价值之间的差额计入营业外收支

16. 企业出售、转让、报废投资性房地产时,不应将所处置投资性房地产的收入计入（　　）。
A. 投资收益　　　　　　　　　B. 公允价值变动损益
C. 营业外收入　　　　　　　　D. 营业外支出

三、判断题

1. 采用公允价值模式进行后续计量的投资性房地产,应根据其预计使用寿命计提折旧或进行摊销。（　　）
2. 企业自行建造房地产达到预定可使用状态一段时间后才对外出租或用于资本增值的,直接将其作为投资性房地产进行核算。（　　）
3. 外购投资性房地产的成本,包括购买价款、相关税费和可直接归属于该资产的其他支出。（　　）
4. 已采用公允价值模式计量的投资性房地产,不得从公允价值模式转为成本模式。（　　）
5. 采用成本模式计量的投资性房地产转为公允价值模式计量时,按照会计政策变更处理。（　　）
6. 采用公允价值模式计量的投资性房地产转为成本模式时,按照会计政策变更处理。（　　）
7. 已采用成本模式计量的投资性房地产,不得从成本模式转为公允价值模式。（　　）
8. 企业采用公允价值模式进行后续计量的,不对投资性房地产计提折旧或进行摊销,应当以资产负债表日投资性房地产的公允价值为基础调整其账面价值,公允价值与原账面价值之间的差额计入其他业务成本或其他业务收入。（　　）
9. 资产负债表日采用公允价值模式计量的投资性房地产的公允价值高于其账面余额的差额,借记"投资性房地产——公允价值变动"科目,贷记"公允价值变动损益"科目。（　　）
10. 企业不论是在成本模式下,还是在公允价值模式下,投资性房地产取得的租金收入,均为公允价值变动损益。（　　）
11. 期末企业将投资性房地产的账面余额单独列示在资产负债表上。（　　）
12. 企业可随意选择成本模式或公允价值模式对投资性房地产进行后续计量。（　　）
13. 自用房地产或存货转换为采用公允价值模式计量的投资性房地产时,投资性房地产应当按照转换当日的公允价值计量,公允价值与原账面价值的差额计入当期损益（其他业务收入）。（　　）
14. 采用公允价值模式计量的投资性房地产转换为自用房地产时,应当以其转换当日的公允价值作为自用房地产的账面价值,公允价值与原账面价值的差额计入当期损益（投资

收益）。 （   ）

15. 在以成本模式计量的情况下，将作为存货的房地产转换为投资性房地产的，应按其在转换日的账面余额，借记"投资性房地产"科目，贷记"库存商品"等科目。 （   ）

16. 企业为生产经营持有的房地产，属于企业的投资性房地产。 （   ）

17. 因房地产用途发生改变，企业将自用的房地产转换为投资性房地产后，则不再计提折旧或进行摊销。 （   ）

18. 企业通过经营租赁方式租入的办公楼再出租的也属于投资性房地产的范围。 （   ）

19. 企业以融资租赁方式出租建筑物不能够作为投资性房地产进行核算。 （   ）

20. 企业出售、转让、报废投资性房地产或者发生投资性房地产毁损时，应当将处置收入扣除其账面价值和相关税费后的金额计入当期损益即投资收益。 （   ）

四、计算分析题

1. 2020年12月31日，甲公司以银行存款购入一栋写字楼，价款为2 000万元，增值税额为180万元，并于当日出租给乙公司使用，租期为3年，年租金为60万元，增值税为5.4万元，每年年初支付。甲公司对该写字楼采用成本模式计量，预计尚可使用20年，预计净残值为0，采用直线法折旧，2023年12月31日租赁期满，甲公司将该写字楼收回转为自用。

要求：

编制相关的会计分录。

2. 2023年1月甲企业与乙企业的一项厂房经营租赁合同即将到期。为了提高厂房的租金收入，甲企业决定在租赁期满后对厂房进行改扩建，并与丙企业签订了租赁合同，约定自改扩建完工时将厂房出租给丙企业。1月20日，与乙企业的租赁合同到期，厂房随即进入改扩建工程。改扩建前厂房的账面余额为1 500万元，其中成本为1 200万元，累计公允价值变动300万元。10月1日，厂房改扩建工程完工，共发生支出120万元，即日按照租赁合同出租给丙企业。

要求：

编制相关的会计分录。

3. A公司于2022年1月1日将自用的一栋写字楼出租,以赚取租金,采用成本模式进行后续计量,与B公司签订了租赁协议,租赁期开始日为2022年1月1日,租赁期为2年,每月支付40万元租金,增值税额为3.6万元。转换日该写字楼的原价为500万元,已计提折旧60万元,已计提减值准备40万元。直线法计提折旧,尚可使用年限为20年,预计净残值为0。2023年1月1日,该写字楼所在地有活跃的房地产交易市场,并能够从房地产交易市场上取得同类的市场价格及相关信息,A公司决定采用公允价值模式对该写字楼进行计量。2023年1月公允价值为420万元,假设A公司按净利润的10%计提盈余公积。

要求:
(1) 编制A公司出租写字楼的有关分录;
(2) 编制改变后续计量模式的有关分录(不考虑相关税费)。

4. B公司于2021年1月1日将一原值为4 000万元、累计折旧800万元、已提减值200万元的自用房屋对外出租,出租时该房屋的公允价值为5 500万元,采用公允价值模式计量,租期为2年,每年12月31日收取租金150万元,增值税为9万元,2021年12月31日,该幢商品房的公允价值为5 800万元,2022年12月31日,该幢商品房的公允价值为5 600万元,2023年1月20日将该幢商品房对外出售,收到6 000万元存入银行。

要求:
编制B公司上述经济业务的会计分录。(假定按年确认公允价值变动损益和确认租金收入。)

项目八 金融资产

学习指导

一、金融资产的分类

（一）基本原则

（1）企业应当根据其管理金融资产的业务模式和金融资产的合同现金流量特征，对金融资产进行合理的分类。
（2）对金融资产的分类一经确定，不得随意变更。

（二）具体分类

金融资产一般划分为以下三类：
(1) 以摊余成本计量的金融资产。
(2) 以公允价值计量且其变动计入其他综合收益的金融资产。
(3) 以公允价值计量且其变动计入当期损益的金融资产。

二、以摊余成本计量的金融资产的核算

1. 初始计量

总原则：
① 按公允价值和交易费用之和作为初始入账金额。
② 已到付息期但尚未领取的利息单独确认为应收项目。
借：债权投资——成本（面值）
　　应收利息/债权投资——应计利息
　　贷：其他货币资金——存出投资款（注意：交易费用）
　　　　债权投资——利息调整（可借可贷）

2. 后续计量

总原则：采用实际利率法，按摊余成本（账面余额）进行后续计量。
① 确认利息。

借:应收利息/债权投资——应计利息
　　债权投资——利息调整(与购入时相反)
　　贷:投资收益[期初账面余额(摊余成本)×实际利率(经信用调整的实际利率)]
② 收本、息。
A. 分次付息,到期还本
借:其他货币资金——存出投资款
　　贷:应收利息
借:其他货币资金——存出投资款
　　贷:债权投资——成本
B. 到期一次还本付息
借:其他货币资金——存出投资款
　　贷:债权投资——成本
　　　　债权投资——应计利息(每期利息×期数)

3. 中途处置

总原则:出售所得的价款与其账面价值的差额计入当期损益。
借:其他货币资金——存出投资款
　　债权投资减值准备
　　贷:债权投资——成本
　　　　　　——利息调整(可借可贷,剩余部分)
　　　　　　——应计利息
　　投资收益(可借可贷)

三、以公允价值计量且其变动计入其他综合收益的金融资产的核算

(一) 分类为以公允价值计量且其变动计入其他综合收益的金融资产

1. 初始计量
借:其他债权投资——成本
　　贷:其他货币资金——存出投资款
　　　　其他债权投资——利息调整(可借可贷)

2. 确认投资收益
借:应收利息/其他债权投资——应计利息
　　贷:投资收益
　　　　其他债权投资——利息调整(可借可贷)

3. 期末计量
借:其他债权投资——公允价值变动
　　贷:其他综合收益——其他债权投资公允价值变动
或:借:其他综合收益——其他债权投资公允价值变动
　　贷:其他债权投资——公允价值变动

4. 出售

总原则：

① 出售所得的价款与其账面价值的差额计入当期损益。

② 将原直接计入其他综合收益的公允价值变动的累计额转出，计入当期损益。

借：其他货币资金——存出投资款
　　贷：其他债权投资——成本
　　　　　　　　　　——利息调整（可借可贷）
　　　　　　　　　　——应计利息
　　　　　　　　　　——公允价值变动（可借可贷）
　　　　投资收益

同时：

借：其他综合收益——其他债权投资公允价值变动
　　贷：投资收益（或做相反的会计分录）

（二）指定为以公允价值计量且其变动计入其他综合收益的非交易性权益工具投资

1. 初始计量

借：其他权益工具投资——成本（公允价值与交易费用之和）
　　应收股利
　　贷：其他货币资金——存出投资款

2. 确认投资收益

借：应收股利
　　贷：投资收益

3. 期末计量

借：其他权益工具投资——公允价值变动
　　贷：其他综合收益——其他权益工具投资公允价值变动

或：借：其他综合收益——其他权益工具投资公允价值变动
　　　　贷：其他权益工具投资——公允价值变动

4. 出售

借：其他货币资金——存出投资款
　　贷：其他权益工具投资——成本
　　　　　　　　　　　　——应计利息
　　　　　　　　　　　　——公允价值变动（可借可贷）
　　　　盈余公积——法定盈余公积（可借可贷）
　　　　利润分配——未分配利润（可借可贷）

同时：

借：其他综合收益——其他债权投资公允价值变动
　　贷：盈余公积——法定盈余公积
　　　　利润分配——未分配利润（或做相反的会计分录）

四、以公允价值计量且其变动计入当期损益的金融资产的核算

1. 初始计量

总原则:
① 按公允价值计量,相关交易费用计入当期损益。
② 已到付息期但尚未领取的利息或已宣告发放但尚未领取的现金股利单独确认为应收项目。

借:交易性金融资产——成本
　　应收股利/应收利息
　　投资收益(交易费用)
　　贷:其他货币资金——存出投资款

2. 后续计量

总原则:资产负债表日按公允价值计量,公允价值的变动计入当期损益。

(1) 反映公允价值的变动。

上涨:
借:交易性金融资产——公允价值变动
　　贷:公允价值变动损益

下跌:
借:公允价值变动损益
　　贷:交易性金融资产——公允价值变动

特别提示:此类金融资产不计提减值。

(2) 持有期间。

借:应收股利/应收利息
　　贷:投资收益
借:其他货币资金——存出投资款
　　贷:应收股利/应收利息

3. 出售

总原则:出售所得的价款与其账面价值的差额计入当期损益。

借:其他货币资金——存出投资款(价款扣除手续费)
　　贷:交易性金融资产——成本
　　　　　　　　　　——公允价值变动(可借可贷)
　　　　投资收益(可借可贷)

知 识 训 练

一、单项选择题

1. 企业对交易性金融资产进行管理的业务目标是（　　）。
   A. 为收取合同现金流量为目的
   B. 以"交易"为目的
   C. 既以收取合同现金流量为目的，又以出售该金融资产为目的
   D. 以控制被投资方为目的

2. 下列各项中，不属于金融资产的是（　　）。
   A. 银行存款　　　　　　　　　B. 应收票据
   C. 存货　　　　　　　　　　　D. 交易性金融资产

3. 企业取得交易性金融资产时，应计入当期损益的是（　　）。
   A. 支付的不含增值税交易费用
   B. 支付交易费用时取得经税务机关认证的增值税专用发票上注明的增值税额
   C. 支付价款中包含的已到付息期但尚未领取的债券利息
   D. 支付价款中包含的已宣告但尚未发放的现金股利

4. 2023年12月1日，某企业"交易性金融资产——A上市公司股票"借方余额为1 000 000元；12月31日，A上市公司股票的公允价值为1 050 000元。不考虑其他因素，下列各项中，该企业关于持有A上市公司股票相关会计科目处理正确的是（　　）。
   A. 贷记"营业外收入"科目50 000元
   B. 贷记"资本公积"科目50 000元
   C. 贷记"公允价值变动损益"科目50 000元
   D. 贷记"投资收益"科目50 000元

5. 甲公司从证券市场购入股票20 000股，每股10元，其中包含已宣告但尚未领取的现金股利0.6元，另支付交易费用1 000元。企业将其划分为交易性金融资产，则其初始入账价值是（　　）元。
   A. 201 000　　　　　　　　　B. 200 000
   C. 188 000　　　　　　　　　D. 189 000

6. 出售交易性金融资产发生的净损失应计入的会计科目是（　　）。
   A. 营业外支出　　　　　　　　B. 投资收益
   C. 资产处置损益　　　　　　　D. 其他综合收益

7. 2023年6月30日，甲公司通过证券交易所将持有的交易性金融资产全部出售，出售前交易性金融资产的账面价值为2 200万元（其中成本为2 000万元，公允价值变动为200万元）。出售价款为2 636万元，转让金融商品增值税税率为6%。不考虑其他因素，甲公司

2023年6月30日因出售该交易性金融资产应当确认的投资收益为（　　）万元。

A. 436   B. 472
C. 400   D. 600

8. 2022年12月10日，A公司购入B公司15万股股票作为交易性金融资产，每股价格为6元。2022年12月31日，该股票为每股7元。2023年3月1日，B公司宣告发放现金股利3万元；3月15日收到B公司分派的现金股利。2023年6月30日，将该股票出售，股票的市价为每股6.5元，转让该金融商品应交增值税0.42万元。不考虑其他因素，2023年6月30日出售该交易性金融资产时确认的投资收益为（　　）万元。

A. −4.92   B. −7.92
C. 7.5   D. 7.08

9. 2023年6月1日，甲公司从证券交易所购入A公司股票10万股，支付价款200万元（其中包含已宣告但尚未发放的现金股利10万元），另支付相关交易费用1.5万元，取得的增值税专用发票上注明的增值税额为0.09万元，甲公司将其划分为交易性金融资产，下列关于该业务的处理结果表述正确的是（　　）。

A. 借记"交易性金融资产"科目200万元
B. 借记"投资收益"科目11.5万元
C. 借记"应收股利"科目10万元
D. 贷记"应交税费"科目0.09万元

10. 甲股份有限公司于2023年4月1日购入面值为1 000万元的3年期债券并划分为以摊余成本计量的金融资产，实际支付的价款为1 500万元，其中包含已到付息期但尚未领取的债券利息20万元，另支付相关税费10万元。该项债权投资的初始入账金额为（　　）万元。

A. 1 510   B. 1 490
C. 1 500   D. 1 520

11. 甲公司于2023年1月1日购入某公司于当日发行的5年期、一次还本、分期付息的公司债券，次年1月3日支付利息，票面年利率为5%，面值总额为3 000万元，实际支付价款为3 130万元；另支付交易费用2.27万元，实际利率为4%。甲公司根据其管理该债券的业务模式和该债券的合同现金流量特征，将该债券分类为以摊余成本计量的金融资产。下列关于甲公司会计处理的表述中，不正确的是（　　）。

A. 该金融资产应通过"债权投资"科目核算
B. 2023年末该金融资产账面余额为3 107.56万元
C. 2024年该金融资产确认利息收入为124.30万元
D. 2024年末该金融资产账面余额为3 158.96万元

12. 甲公司于2023年1月1日以600万元的价格购进乙公司当日发行的面值为550万元的公司债券，按期收取利息，到期收回本金。其中债券的买价为595万元，相关税费为5万元。公司债券票面利率为8%，期限为5年，一次还本付息。甲公司将其划分为以摊余成本计量的金融资产，则购入时甲公司计入"债权投资——利息调整"科目的金额为（　　）万元。

A. 600   B. 550

C. 50　　　　　　　　　　　　　D. 5

13. 下列各项中,不会引起债权投资账面价值发生增减变动的是(　　)。
    A. 计提债权投资减值准备
    B. 采用实际利率法摊销初始确认金额与到期日金额之间的差额
    C. 确认面值购入、分期付息债权投资利息
    D. 确认面值购入、到期一次付息债权投资利息收入

14. 某股份有限公司2023年1月1日将其债权投资转让,转让价款1 560万元已收存银行。该债券系2021年1月1日购进,面值为1 500万元,票面年利率为5%,到期一次还本付息,期限为3年。转让该项债券时,应计利息明细科目的余额为150万元,尚未摊销的利息调整贷方余额为24万元;该项债券已计提的减值准备余额为30万元。该公司转让该项债权投资实现的投资收益为(　　)万元。
    A. -36　　　　　　　　　　　　B. -66
    C. -90　　　　　　　　　　　　D. 114

15. 甲公司2023年3月25日支付价款2 230万元(含已宣告但尚未发放的现金股利60万元)取得一项股权投资,另支付交易费用10万元,甲公司将其指定为以公允价值计量且其变动计入其他综合收益的金融资产。2023年5月10日,甲公司收到购买价款中包含的现金股利60万元。2023年12月31日,该项股权投资的公允价值为2 105万元。甲公司购入的该项以公允价值计量且其变动计入其他综合收益的金融资产的入账价值为(　　)万元。
    A. 2 230　　　　　　　　　　　B. 2 170
    C. 2 180　　　　　　　　　　　D. 2 105

16. 甲公司将非交易性权益工具投资指定为以公允价值计量且其变动计入其他综合收益的金融资产。资产负债表日,甲公司按公允价值计量该资产。处置时甲公司应将原计入其他综合收益对应处置部分的金额转出,计入(　　)。
    A. 投资收益　　　　　　　　　　B. 资本公积
    C. 营业外收入　　　　　　　　　D. 留存收益

17. 下列各项中,不影响当期损益的事项是(　　)。
    A. 以公允价值计量且其变动计入当期损益的金融资产在持有期间确认应享有的现金股利
    B. 以公允价值计量且其变动计入当期损益的金融资产在资产负债表日的公允价值大于账面价值的差额
    C. 以摊余成本计量的金融资产在持有期间按摊余成本和实际利率计算确认的利息收入
    D. 以公允价值计量且其变动计入其他综合收益的金融资产在资产负债表日的公允价值大于账面价值的差额

18. 资产负债表日,其他权益工具投资的公允价值发生暂时性下跌,账务处理时,贷记"其他权益工具投资——公允价值变动"科目,应借记的科目是(　　)。
    A. 营业外支出　　　　　　　　　B. 信用减值损失
    C. 其他综合收益　　　　　　　　D. 投资收益

19. 甲企业于2023年10月6日从证券市场上购入乙企业发行在外的股票200万股,直

接指定为以公允价值计量且其变动计入其他综合收益的金融资产,每股支付价款5元(含已宣告但尚未发放的现金股利0.5元),另支付相关费用15万元,甲企业取得其他权益工具投资时的入账价值为(　　)万元。

A. 1 015　　　　　　　　B. 915

C. 900　　　　　　　　　D. 1 000

20. 甲公司2022年12月25日支付价款3 060万元(含已宣告但尚未发放的现金股利90万元)取得一项股权投资,直接指定为以公允价值计量且其变动计入其他综合收益的金融资产,交易过程中甲公司另发生交易费用15万元,已用银行存款支付。2022年12月28日,收到现金股利90万元。2022年12月31日,该项股权投资的公允价值为3 157.5万元。2023年1月,甲公司出售该股权投资,取得价款4 157.5万元,假定不考虑所得税等其他因素,则处置时计入留存收益的金额为(　　)万元。

A. 1 000　　　　　　　　B. 1 172.5

C. 172.5　　　　　　　　D. 125

二、多项选择题

1. 下列各项中,属于准则规定的金融资产划分类别的有(　　)。

A. 以公允价值计量且其变动计入当期损益的金融资产

B. 以可变现净值计量的金融资产

C. 以摊余成本计量的金融资产

D. 以重置成本计量的金融资产

2. 根据企业管理金融资产的业务模式和金融资产的合同现金流量特征,将金融资产划分为(　　)。

A. 以摊余成本计量的金融资产

B. 以可变现净值计量的金融资产

C. 以公允价值计量且其变动计入其他综合收益的金融资产

D. 以公允价值计量且其变动计入当期损益的金融资产

3. 2023年6月1日,甲公司从证券交易所购入A上市公司股票30万股,支付价款为45万元,其中包含已宣告但尚未发放的现金股利10万元,另支付相关交易费用2万元,取得的增值税专用发票上注明的增值税额为0.12万元,甲公司将该股票划分为交易性金融资产进行核算。不考虑其他因素,下列有关该交易性金融资产的会计处理表述正确的有(　　)。

A. 交易性金融资产的入账价值为35万元

B. 其他货币资金减少47.12万元

C. 其他货币资金减少45万元

D. 投资收益减少2.12万元

4. 2023年6月1日,甲公司从上海证券交易所购入A上市公司股票1 000 000股,支付价款为10 000 000元(其中包含已宣告但尚未发放的现金股利600 000元),另支付相关交易费用25 000元,取得的增值税专用发票上注明的增值税额为1 500元。甲公司将其划分为交易性金融资产进行管理和核算。下列各项中,关于甲公司购入交易性金融资产的会计处理正确的有（　　）。

A. 借：交易性金融资产——成本　9 400 000
　　　贷：其他货币资金——存出投资款　9 400 000

B. 借：应收股利　600 000
　　　贷：其他货币资金——存出投资款　600 000

C. 借：交易性金融资产——成本　10 000 000
　　　贷：其他货币资金——存出投资款　10 000 000

D. 借：投资收益　25 000
　　　应交税费——应交增值税（进项税额）　1 500
　　　贷：其他货币资金——存出投资款　26 500

5. 下列各项中，属于取得交易性金融资产时发生的交易费用的有（　　）。

A. 支付给代理机构的手续费

B. 支付给咨询公司的手续费

C. 支付给券商的手续费

D. 可直接归属于购买、发行或处置金融工具新增的外部费用

6. 企业发生的下列事项中，不影响"投资收益"的有（　　）。

A. 交易性金融资产持有期间内，被投资单位宣告分配现金股利

B. 持有期间交易性金融资产的公允价值大于账面余额

C. 持有期间交易性金融资产的公允价值小于账面余额

D. 交易性金融资产持有期间收到包含在买价中的现金股利

7. 下列各项中，不属于取得金融资产时发生的交易费用的有（　　）。

A. 融资费用　　　　　　　　　B. 内部管理成本

C. 支付给代理机构的手续费　　　D. 发行债券的溢价收入

8. M公司于2021年1月1日从证券市场上购入N公司同日发行的债券，该债券期限为3年，票面年利率为5%，到期一次还本付息，利息按单利计算，到期日为2023年12月31日。M公司购入债券的面值为1 200万元，实际支付价款为1 150.65万元，另支付相关交易费用8万元。M公司管理金融资产的业务模式是以收取合同现金流量为目标，该金融资产合同条款规定，在特定日期产生的现金流量，仅为对本金和以未偿付本金金额为基础的利息的支付，M公司将该债券分类为以摊余成本计量的金融资产。购入债券的实际年利率为6%，则下列各项关于M公司的会计处理中，正确的有（　　）。

A. M公司购入N公司债券的入账价值为1 158.65万元

B. 2021年12月31日，该项债券投资的摊余成本为1 168.17万元

C. 2022年度应确认的利息收入的金额为73.69万元

D. 2023年度"债权投资——利息调整"的摊销额为18.14万元

9. 以下有关以摊余成本计量的债权投资表述正确的有（　　）。

A. 资产负债表日，以摊余成本计量的债权投资为分期付息、一次还本债券投资的，应按票面利率计算确定的应收未收利息

B. 按实际利率计算确定的应收未收利息，应计入贷方"利息收入"科目

C. 债权投资在持有期间的每个资产负债表日应按公允价值计量

D. 出售已计提信用减值准备的债权投资,应同时结转信用减值准备

10. 企业将金融资产划分为以摊余成本计量的金融资产时,需要符合的条件有(　　)。
   A. 企业管理该金融资产的业务模式是以出售该金融资产为目标
   B. 企业管理该金融资产的业务模式是以收取合同现金流量为目标
   C. 企业管理该金融资产的业务模式既以收取合同现金流量为目标,又以出售该金融资产为目标
   D. 该金融资产的合同条款规定,在特定日期产生的现金流量,仅为对本金和以未偿付本金金额为基础的利息的支付

11. 对于以摊余成本计量的金融资产,下列各项中影响摊余成本的有(　　)。
   A. 已偿还的本金
   B. 初始确认金额与到期日金额之间的差额按实际利率法摊销形成的累计摊销额
   C. 已计提的累计信用减值准备
   D. 取得时所付价款中包含的应收未收利息

12. 下列各项资产中,取得时发生的交易费用应当计入初始入账价值的有(　　)。
   A. 其他权益工具投资　　　　B. 交易性金融资产
   C. 债权投资　　　　　　　　D. 其他债权投资

13. 处置金融资产时,下列会计处理方法不正确的有(　　)。
   A. 处置其他债权投资时,原直接计入所有者权益的公允价值变动累计额不再调整
   B. 企业收回或处置其他权益工具投资时,应将取得的价款与该金融资产账面价值之间的差额计入投资收益
   C. 处置债权投资时,应将所取得价款与该投资账面价值之间的差额计入投资收益
   D. 处置以公允价值计量且其变动计入当期损益的金融资产时,不需要调整原公允价值变动累计额

三、判断题

1. 资产负债表日,企业持有的交易性金融资产的公允价值变动损益应计入投资收益。(　　)
2. 企业取得交易性金融资产时,应以其市场价格为基础确定其公允价值,作为其初始入账金额。(　　)
3. 企业取得交易性金融资产时,支付给证券交易所的手续费和佣金应计入其初始确认金额。(　　)
4. 交易性金融资产在资产负债表中作为非流动资产列示。(　　)
5. 应收票据不属于金融资产。(　　)
6. 债权投资的对象既可以是股票,也可以是债券。(　　)
7. 企业应当根据其管理金融资产的业务模式和金融资产的合同现金流量特征,将金融资产进行分类,分类一经确定,不得变更。(　　)
8. 公允价值是指市场参与者在计量日发生的有序交易中,出售一项资产所能收到或者偿付一项负债所需支付的价格。(　　)

9. 企业对债权投资初始确认金额与到期日金额之间的差额既可以采用实际利率法进行摊销，也可采用直线法进行摊销。（　　）

10. 债权投资在持有期间应当按照实际利率法确认利息收入，其在各期的实际利率应当分别按照各期期初市场利率计算确定。（　　）

11. 企业取得以公允价值计量且其变动计入其他综合收益的金融资产时，所支付的对价中包含的已宣告但尚未领取的债券利息，应当单独确认为应收项目进行处理。（　　）

12. 如果企业管理其金融资产的业务模式既以收取合同现金流量为目标，又有出售的动机，同时该金融资产的合同现金流量为本金及利息，则通常是将该金融资产分类为以公允价值计量且其变动计入当期损益的金融资产。（　　）

13. 处置其他债权投资时，应按取得的价款与原直接计入所有者权益的公允价值变动累计额对应处置部分的金额，与该金融资产账面价值之间的差额，确认为投资收益。（　　）

14. 其他债权投资与交易性金融资产不能随意重分类，但在满足一定的条件下，可以重分类。（　　）

15. 指定为以公允价值计量且其变动计入其他综合收益的非交易性权益工具投资不需计提减值准备，除了获得的股利收入计入当期损益外，其他相关利得和损失均应当计入其他综合收益，且后续不得转入损益。（　　）

16. 以公允价值计量且其变动计入其他综合收益的金融资产（债券）应按公允价值和交易费用之和进行初始计量，其中交易费用应在"其他债权投资——利息调整"科目核算。（　　）

四、计算题

1. 2023 年 4 月，甲公司以 180 万元购入乙公司股票 30 万股，作为交易性金融资产核算，另支付手续费 5 万元，2023 年 6 月 30 日该股票每股市价为 5.5 元，2023 年 7 月 15 日，乙公司宣告分派现金股利，每股 0.3 元，7 月 20 日，甲公司收到分派的现金股利。至 12 月 31 日，甲公司仍持有该交易性金融资产，期末每股市价为 8.0 元，2024 年 1 月 10 日以 220 万元出售该交易性金融资产。

要求：
编制上述经济业务的会计分录。

2. A公司于2022年1月1日从证券市场购入B公司2021年1月1日发行的债券,债券是5年期,票面年利率为5%,每年1月5日支付上年度的利息,到期日为2026年1月1日,到期日一次归还本金和最后一期的利息。A公司购入债券的面值为1 000万元,实际支付的价款为1 005.35万元,另外,支付相关的费用10万元,A公司购入以后将其划分为以摊余成本计量的金融资产,购入债券实际利率为6%,假定按年计提利息。

(1) 2022年12月31日,B公司发生财务困难,该债券预计未来现金流量的现值为930万元(不属于暂时性的公允价值变动)。

(2) 2023年1月2日,A公司将该以摊余成本计量的金融资产重分类为以公允价值计量且其变动计入其他综合收益的金融资产,且其公允价值为925万元。

(3) 2023年2月20日,A公司以890万元的价格出售所持有的B公司债券。

其他资料:A公司按10%提取盈余公积,不考虑其他因素。

要求:

(1) 编制2022年1月1日A公司购入债券时的会计分录。

(2) 编制2022年1月5日收到利息时的会计分录。

(3) 编制2022年12月31日确认利息收入的会计分录。

(4) 计算2022年12月31日应计提的减值准备的金额,并编制相应的会计分录。

(5) 编制2023年1月2日以摊余成本计量的金融资产重分类为以公允价值计量且其变动计入其他综合收益的金融资产的会计分录。

(6) 编制2023年2月20日出售债券的会计分录。

3. 2022年4月1日,甲公司购买丙公司的股票400万股,共支付价款1 700万元。甲公司取得丙公司股票时将其指定为以公允价值计量且其变动计入其他综合收益的金融资产。2022年12月31日,丙公司股票公允价值为每股5元。2023年5月31日,甲公司将持有的丙公司股票全部出售,售价为每股6元。甲公司按净利润的10%提取法定盈余公积,不考虑中期财务报告、所得税及其他因素影响。

要求:
编制甲公司取得、持有及出售丙公司股票的会计分录。

五、综合题

A公司有关股票投资业务如下:

(1) 2019年7月10日,购买B公司发行的股票300万股,成交价每股为14.8元,其中包含已宣告但尚未发放的现金股利每股0.2元,另付交易费用10万元,占B公司表决权资本的5%。

(2) 2019年7月20日,收到现金股利。

(3) 2019年12月31日,该股票每股市价为15元。

(4) 2020年4月3日,B公司宣告发放现金股利每股0.3元,4月30日,收到现金股利。

(5) 2020年12月31日,该股票每股市价为13元。

(6) 2021年B公司因违反相关证券法规,受到证券监管部门查处,受此影响,2021年12月31日收盘价格为每股市价6元。

(7) 至2022年12月31日,B公司整改完成,加之市场宏观面好转,2022年12月31日收盘价格为每股市价15元。

(8) 2023年1月6日,A公司出售B公司全部股票,出售价格为每股市价18元,另支付交易费用12万元。

(9) 其他资料:假定不考虑所得税等其他因素。

要求:

根据两项假定(假定划分为其他权益工具投资和交易性金融资产),分别按已知资料时间先后顺序编制相关会计分录。(答案中的金额单位以万元表示。)

项目九 长期股权投资

学习指导

一、长期股权投资的初始计量

长期股权投资初始计量原则:应按初始投资成本入账。
长期股权投资包括:
(1) 企业持有的能够对被投资单位实施控制的权益性投资,即对子公司投资。
(2) 企业持有的能够与其他合营方一同对被投资单位实施共同控制的权益性投资,即对合营企业投资。
(3) 企业持有的能够对被投资单位施加重大影响的权益性投资,即对联营企业投资。
企业取得的长期股权投资,应当按照下列规定确定其初始投资成本:
(1) 以支付现金取得的长期股权投资,应当按照实际支付的购买价款作为初始投资成本。初始投资成本包括与取得长期股权投资直接相关的费用、税金及其他必要支出。企业取得长期股权投资,实际支付的价款或对价中包含的已宣告但尚未发放的现金股利或利润,应作为应收项目处理。
(2) 以发行权益性证券取得的长期股权投资,应当按照发行权益性证券的公允价值作为初始投资成本。为发行权益性证券支付的手续费、佣金等应自权益性证券的溢价发行收入中扣除,溢价收入不足的,应冲减盈余公积和未分配利润。
注意:无论以何种方式取得长期股权投资,为发行权益性证券支付的手续费、佣金等应自权益性证券的溢价发行收入中扣除,溢价收入不足的,应冲减盈余公积和未分配利润。
(3) 投资者投入的长期股权投资,应当按照投资合同或协议约定的价值作为初始投资成本,但合同或协议约定价值不公允的除外。

二、长期股权投资的后续计量

长期股权投资后续计量原则:长期股权投资应当分不同情况采用成本法或权益法确定期末账面余额。
1. 长期股权投资核算的成本法
成本法,是指投资按初始投资成本计量,除追加或收回投资以外,一般不对长期股权投资的账面价值进行调整的一种方法。

投资企业能够对被投资单位实施控制的长期股权投资,企业应运用成本法核算长期股权投资。

投资企业对子公司的长期股权投资,应当采用成本法核算,编制合并财务报表时按照权益法进行调整。控制是指有权决定一个企业的财务和经营政策,并能据以从该企业的经营活动中获取利益。

定量:大于50%。

定性:小于或等于50%,但有实质控制权。

长期股权投资采用成本法核算的,除取得投资时实际支付的价款或对价中包含的已宣告但尚未发放的现金股利或利润外,投资企业应当按照享有被投资单位宣告发放的现金股利或利润确认投资收益。

宣告时:

借:应收股利

　　贷:投资收益

实际收到时:

借:银行存款

　　贷:应收股利

企业按照上述规定确认自被投资单位应分得的现金股利或利润后,应当考虑长期股权投资是否发生减值。在判断该类长期股权投资是否存在减值迹象时,应当关注长期股权投资的账面价值是否大于享有被投资单位净资产(包括相关商誉)账面价值的份额等类似情况。出现类似情况时,企业应当按照《企业会计准则第8号——资产减值》对长期股权投资进行减值测试,可收回金额低于长期股权投资账面价值的,应当计提减值准备。

被投资单位宣告分派股票股利,投资企业只做备忘记录;被投资单位未分派股利,投资企业不做任何会计记录。

2. 长期股权投资核算的权益法

权益法,是指投资以初始投资成本计量后,在投资持有期间根据投资企业享有被投资单位所有者权益份额的变动对投资的账面价值进行调整的方法。

投资企业对被投资单位具有共同控制或重大影响的长期股权投资,应当采用权益法核算。

长期股权投资采用权益法核算的,应当分"成本""损益调整""其他综合收益"等明细科目进行明细核算。

(1) 取得长期股权投资时,如果初始投资成本大于投资时应享有被投资单位可辨认净资产公允价值份额的,不调整已确认的初始投资成本;如果初始投资成本小于投资时应享有被投资单位可辨认净资产公允价值份额的,其差额应当调整初始投资成本,同时计入营业外收入。会计处理如下:

借:长期股权投资——成本(初始投资成本小于应享有被投资单位可辨认净资产公允

　　　　　　　　　　价值份额的差额)

　　贷:营业外收入

(2) 投资企业取得长期股权投资后,应当按照被投资单位实现的净利润或发生的净亏损中，投资企业应享有或应分担的份额确认投资收益，同时相应调整长期股权投资的账面价值。需要注意的是，在被投资单位发生亏损、投资企业按持股比例确认应分担的亏损份额时，应当以长期股权投资的账面价值和其他实质上构成对被投资单位净投资的长期权益减记至零为限，投资企业负有额外损失义务的除外。

盈利时：
借：长期股权投资——损益调整
　　贷：投资收益
亏损时：
借：投资收益
　　贷：长期股权投资——损益调整（以长期股权投资的账面价值减记至零为限）
被投资单位宣告发放现金股利时：
借：应收股利
　　贷：长期股权投资——损益调整

自被投资单位取得的现金股利或利润超过已确认损益调整的部分应视同投资成本的收回，冲减："长期股权投资——成本"。

（3）投资企业对于被投资单位除净损益以外所有者权益的其他变动，在持股比例不变的情况下，按照持股比例计算的应享有或承担的部分，调整长期股权投资的账面价值，同时增加或减少其他综合收益。

借：长期股权投资——其他综合收益
　　贷：其他综合收益
或相反分录。

三、长期股权投资的处置

企业处置长期股权投资，应当在符合股权转让条件时确认处置损益。长期股权投资的处置损益，是指取得的处置收入与长期股权投资账面价值和已确认但尚未收到的现金股利之间的差额。已提减值准备的长期股权投资，还应同时结转已计提的长期股权投资减值准备；采用权益法核算的长期股权投资，处置时还应将原计入其他综合收益的金额，转为处置当期收益。

成本法下：
借：银行存款　　（实际收到的金额）
　　长期股权投资减值准备
　　投资收益　　（借方差额）
　　贷：长期股权投资
　　　　投资收益　（贷方差额）
权益法下：
借：银行存款　　（实际收到的金额）
　　长期股权投资减值准备
　　投资收益　　（借方差额）

贷:长期股权投资——成本
　　　　　　　　——损益调整　　（或借记）
　　　　　　　　——其他综合收益　（或借记）
　　　投资收益　（贷方差额）
同时:
借:其他综合收益
　　贷:投资收益
或相反分录。

知 识 训 练

一、单项选择题

1. 企业购入股票作为长期股权投资,股票的初始投资成本应为实际支付的全部价款（　　）。
　A. 扣除相关费用　　　　　　　　　B. 扣除已宣告的现金股利
　C. 扣除相关费用和已宣告的现金股利　D. 包括相关费用和已宣告的现金股利

2. 甲公司投资3 000万元持有乙公司20%的股份,采用权益法核算。投资当时,乙公司可辨认净资产公允价值为16 000万元。甲公司确认的股权投资成本为（　　）万元。
　A. 2 980　　　　　　　　　　　　B. 3 000
　C. 3 200　　　　　　　　　　　　D. 3 220

3. 甲公司通过定向增发普通股,自乙公司原股东处取得乙公司30%的股权。该项交易中,甲公司定向增发股份的数量为2 000万股(每股面值为1元,公允价值为2元),发行股份过程中向证券承销机构支付佣金及手续费共计100万元。除发行股份外,甲公司还承担了乙公司原股东对第三方的债务500万元。取得投资时,乙公司股东大会已通过利润分配方案,甲公司可取得300万元。甲公司对乙公司长期股权投资的初始投资成本为（　　）万元。
　A. 4 600　　　　　　　　　　　　B. 4 200
　C. 4 000　　　　　　　　　　　　D. 4 300

4. 投资者投入的长期股权投资,如果合同或协议约定价值不公允,应当按照（　　）作为初始投资成本。
　A. 投资合同或协议约定的价值　　　B. 账面价值
　C. 公允价值　　　　　　　　　　　D. 账面余额

5. 2022年3月1日A公司以160万元购入B公司30%的股权,2022年12月31日长期股权投资的可收回金额为120万元,A公司计提了长期股权投资减值准备40万元,2023年12月31日该项长期股权投资的可收回金额为170万元,则2023年年末A公司应恢复长期股权投资减值准备（　　）万元。

A. 0　　　　　　　　　　　　　　B. 40
C. 10　　　　　　　　　　　　　　D. 50

6. 根据《企业会计准则第2号——长期股权投资》的规定，长期股权投资采用权益法核算时，初始投资成本小于应享有被投资单位可辨认净资产公允价值份额之间的差额，正确的会计处理是（　　）。

　　A. 计入投资收益　　　　　　　　B. 冲减资本公积
　　C. 计入营业外收入　　　　　　　D. 不调整初始投资成本

7. 甲公司持有乙公司30%的股权，采用权益法核算。2023年12月31日，乙公司实现净利润的金额是200万元，在此之前，备查账簿中登记的以前年度因该长期股权投资确认的损失为40万元，则2023年年底甲公司应该确认的投资收益金额是（　　）万元。

　　A. 20　　　　　　　　　　　　　B. 60
　　C. 0　　　　　　　　　　　　　　D. 40

8. 甲公司2021年对乙公司初始投资成本为165万元，占乙公司资本的30%，乙公司可辨认净资产公允价值为600万元，采用权益法核算。当年乙公司实现净利润120万元，2022年乙公司发生净亏损900万元，2023年乙公司实现净利润150万元，假定取得投资时被投资单位各资产公允价值等于账面价值。则2023年年末甲公司长期股权投资的账面价值是（　　）万元。

　　A. 165　　　　　　　　　　　　　B. 180
　　C. 0　　　　　　　　　　　　　　D. 81

9. 根据《企业会计准则第2号——长期股权投资》的规定，长期股权投资采用权益法核算时，下列各项最终不会引起长期股权投资账面价值变动的是（　　）。

　　A. 被投资单位持有的其他权益工具投资的公允价值上升
　　B. 被投资单位发生净亏损
　　C. 被投资单位计提盈余公积
　　D. 被投资单位宣告发放现金股利

10. 长期股权投资采用权益法核算，如果被投资单位发生亏损，在确认应分担的被投资单位亏损时，若长期股权投资的账面价值不足以冲减的，应当（　　）。

　　A. 冲减其他长期权益账面价值　　B. 冲减资本公积
　　C. 计入营业外支出　　　　　　　D. 不做会计处理

11. 长期股权投资采用权益法核算时，被投资单位发生的下列事项中，会导致投资企业确认其他综合收益的情形是（　　）。

　　A. 取得净利润引起的所有者权益变动　　B. 发生净亏损引起的所有者权益变动
　　C. 分派现金股利引起的所有者权益变动　　D. 除上述情况外所有者权益的其他变动

二、多项选择题

1. 长期股权投资采用权益法核算时，"长期股权投资"科目下应设置的明细科目有（　　）。

　　A. 成本　　　　　　　　　　　　B. 损益调整
　　C. 公允价值变动　　　　　　　　D. 其他综合收益

2. 企业下列情况下的长期股权投资应当采用权益法核算（　　）。
   A. 无控制但具有重大影响　　　　　B. 无共同控制但具有重大影响
   C. 具有共同控制　　　　　　　　　D. 具有控制
3. 下列情形,形成控制关系的有（　　）。
   A. 投资单位直接拥有被投资单位50%以上的表决权资本
   B. 投资单位直接拥有被投资单位50%的表决权资本
   C. 投资单位直接拥有被投资单位30%的表决权资本,且投资单位与其他投资者（享有25%的股份）达成协议,代表其他投资者行使在被投资单位的权益
   D. 投资单位有权任免被投资单位董事会等类似权力机构的多数成员
4. 采用权益法核算时,不会引起长期股权投资账面价值增减变动的事项有（　　）。
   A. 被投资单位实际发放股票股利
   B. 被投资单位因增资扩股等原因而增加的资本溢价
   C. 被投资单位股东会宣告分派股票股利
   D. 实际收到已宣告的现金股利
5. 企业处置长期股权投资时,正确的处理方法有（　　）。
   A. 处置长期股权投资,其账面价值与实际取得价款的差额,应当计入投资收益
   B. 处置长期股权投资,其账面价值与实际取得价款的差额,应当计入营业外收入
   C. 采用权益法核算的长期股权投资,因被投资单位除净损益以外所有者权益的其他变动而计入所有者权益的,处置该项投资时应当将原计入所有者权益的部分按相应比例转入投资收益
   D. 采用权益法核算的长期股权投资,因被投资单位除净损益以外所有者权益的其他变动而计入所有者权益的,处置该项投资时应当将原计入所有者权益的部分全部转入营业外收入
6. 下列长期股权投资中,应采用成本法核算的有（　　）。
   A. 在活跃市场中没有报价、公允价值不能可靠计量的长期股权投资
   B. 对子公司的长期股权投资
   C. 对合营企业的长期股权投资
   D. 对被投资单位实施控制的长期股权投资
7. 对长期股权投资采用权益法核算时,当被投资企业发生下列事项（　　）时,投资企业应该调整长期股权投资账面价值。
   A. 实现净利润　　　　　　　　　　B. 宣告分派现金股利
   C. 购买固定资产　　　　　　　　　D. 计提盈余公积

三、判断题

1. 长期股权投资期末应按历史成本计量,不计提减值准备。（　　）
2. 甲公司购入乙公司15%的股份,买价为172 000元,其中含有已宣告但尚未领取的现金股利4 000元,那么,甲公司取得长期股权投资的成本为172 000元。（　　）
3. 长期股权投资采用成本法核算的,应按被投资单位实现的净利润中投资企业应当分

享的份额确认投资收益。（　　）

4. 采用权益法核算的长期股权投资的初始投资成本大于投资时应享有被投资单位可辨认净资产公允价值份额的,其差额不调整长期股权投资的成本。（　　）

5. 在成本法下,当被投资企业发生盈亏时,投资企业并不做账务处理;当被投资企业宣告分派现金股利时,投资方应将分得的现金股利确认为投资收益。（　　）

6. 长期股权投资采用权益法核算,应按被投资单位报告净收益中投资企业应当分享的份额确认投资收益,分得的现金股利应冲减投资的账面价值。（　　）

7. 长期股权投资采用权益法核算,应按被投资单位当期分派的现金股利中投资企业应当分享的份额确认投资收益。（　　）

8. 长期股权投资如果计提了减值准备,其账面价值是指长期股权投资的账面余额减相应的减值准备。（　　）

9. 已计提了减值准备的长期股权投资,如果其后价值又得以恢复,应恢复股权投资的账面价值。（　　）

四、计算分析题

1. 2022年3月,A公司通过增发3 000万股(每股面值为1元)本公司普通股为对价取得B公司80%的股权,从而实现对B公司的控制。按照增发前一定时期的平均股价计算,该3 000万股普通股的公允价值为5 200万元。为增发该部分普通股,A公司支付了200万元的佣金和手续费。投资日,B公司所有者权益的账面价值为8 000万元,且A公司与B公司和其股东不存在任何关联方关系。其他资料如下:

(1) 2023年2月12日,B公司宣告发放现金股利1 200万元。

(2) 2023年3月15日,收到B公司发放的现金股利。

要求:根据上述资料做出A公司的账务处理。

2. 2022年1月1日,A公司以1 050万元(含支付的相关费用50万元)购入B公司股票300万股,每股面值为1元,占B公司发行在外股份的20%,A公司采用权益法核算该项投资。

2022年1月1日，B公司股东权益的公允价值总额为4 000万元。

2022年，B公司实现净利润450万元，提取盈余公积90万元。

2023年，B公司实现净利润600万元，提取盈余公积120万元，宣告发放现金股利200万元，A公司已经收到。

2023年，B公司由于其他权益工具投资公允价值变动增加其他综合收益300万元（假定不考虑所得税）。

2023年年末，该项股权投资的可收回金额为1 220万元。

2024年1月5日，A公司转让对B公司的全部投资，实得价款1 400万元。

要求：根据上述资料做出A公司的会计处理。

五、综合题

甲公司2021年1月1日以银行存款500万元对乙公司投资，占乙公司注册资本的30%，2021年1月1日，乙公司可辨认净资产的公允价值为2 400万元。甲公司按权益法核算对乙公司的投资。2021年乙公司实现净利润200万元，2022年4月乙公司宣告分派现金股利60万元，2022年乙公司发生净亏损150万元。2023年1月1日，甲公司以700万元出售了对乙公司的投资。假定不考虑各种税费。

要求：

(1) 2021年1月1日投资时乙公司的账务处理；

(2) 2021年乙公司实现净利润时甲公司的账务处理；

(3) 2022年4月乙公司宣告分派现金股利时甲公司的账务处理；

(4) 2022年12月乙公司发生亏损时甲公司的账务处理；

(5) 2023年1月1日甲公司出售投资的账务处理。

项目十 流动负债

学习指导

应付职工薪酬

1. 职工的范围

(1) 有劳动合同的所有人员。

(2) 无劳动合同,但被企业正式任命的人员。

(3) 无劳动合同,也未被正式任命,但为企业提供与职工类似服务的人员。

2. 薪酬的内容

(1) 短期薪酬:包括职工工资(计时工资和计件工资)、奖金、津贴和补贴;职工福利费;工会经费;职工教育经费;医疗、工伤、生育保险费和住房公积金;短期带薪缺勤;短期利润分享计划;其他短期薪酬。

(2) 离职后福利:包括设定提存计划和设定收益计划。

(3) 辞退福利。

(4) 其他长期职工福利:包括长期带薪缺勤、长期残疾福利和长期利润分享计划等。

3. 应付职工薪酬的核算

(1) 每月末计提职工薪酬,按照"谁受益,谁分担"的原则

借:生产成本
　　制造费用
　　管理费用
　　销售费用
　　在建工程
　　研发支出
　贷:应付职工薪酬——工资
　　　　　　　　——职工福利费
　　　　　　　　——社会保险费
　　　　　　　　——住房公积金
　　　　　　　　——工会经费
　　　　　　　　——职工教育经费

(2) 发放职工薪酬
借:应付职工薪酬——工资
　　贷:银行存款
　　　　其他应收款——代垫款项
　　　　其他应付款——社会保险费和住房公积金
　　　　应交税费——应交个人所得税

4. 非货币性职工薪酬

企业以自产产品或外购商品作为非货币性福利发放给职工的,应当根据受益对象,按照该产品的公允价值和相关税费,计入相关资产成本或当期损益,同时确认应付职工薪酬,借记"生产成本""制造费用""管理费用"等科目,贷记"应付职工薪酬——非货币性福利"科目。

当将自产产品或外购商品作为福利向职工发放时,按公允价值确认主营业务收入,根据规定计算增值税销项税额和其他相关税费,同时结转相关产品成本。确认收入时借记"应付职工薪酬——非货币性福利"科目,贷记"主营业务收入""应交税费——应交增值税(销项税额)"等。结转成本时,借记"主营业务成本"科目,贷记"库存商品"科目。

知 识 训 练

一、单项选择题

1. 在资产负债表中,下列各项中,不属于负债项目的是(　　)。
   A. 预计负债　　　　　　　　　　B. 预付账款
   C. 预收账款　　　　　　　　　　D. 应付股利
2. 按现行规定,短期借款所产生的利息,一般应计入的科目是(　　)。
   A. 管理费用　　　　　　　　　　B. 其他业务成本
   C. 财务费用　　　　　　　　　　D. 投资收益
3. 短期借款利息核算不会涉及的账户是(　　)。
   A. 银行存款　　　　　　　　　　B. 应付利息
   C. 财务费用　　　　　　　　　　D. 短期借款
4. 委托加工应纳消费税物资(非金银首饰)收回后继续用来生产应税消费品,则由受托方代扣代缴的消费税,应计入(　　)账户。
   A. 管理费用　　　　　　　　　　B. 委托加工物资
   C. 税金及附加　　　　　　　　　D. 应交税费——应交消费税
5. 下列各项税金中,不影响企业损益的是(　　)。
   A. 印花税　　　　　　　　　　　B. 车船税
   C. 一般纳税企业的增值税　　　　D. 所得税
6. 预收账款情况不多的企业,可以不设"预收账款"科目,而将预收的款项直接计入

（　　）账户。

　　A. 应收账款　　　　　　　　　　B. 预付账款

　　C. 其他应付款　　　　　　　　　D. 应付账款

7. 某企业因采购商品开出3个月期限的商业票据一张。该票据的票面价值为100 000元,票面利率为10%。该应付票据到期时,企业应支付的金额为(　　)元。

　　A. 100 000　　　　　　　　　　B. 140 000

　　C. 102 500　　　　　　　　　　D. 415 000

8. 下列职工薪酬中,不应当根据职工提供服务的受益对象计入成本费用的是(　　)。

　　A. 因解除与职工的劳动关系给予的补偿　　B. 构成工资总额的各组成部分

　　C. 工会经费和职工教育经费　　　　　　　D. 提取的五险一金

9. 企业收取包装物押金和其他各种暂收款项时,应贷记(　　)科目。

　　A. 营业外收入　　　　　　　　　B. 其他业务收入

　　C. 其他应付款　　　　　　　　　D. 其他应收款

10. 下列各项中不应计入"税金及附加"的是(　　)。

　　A. 消费税　　　　　　　　　　　B. 资源税

　　C. 城市维护建设税　　　　　　　D. 增值税

11. 关于应付股利,下列说法中正确的是(　　)。

　　A. 应付股利是指企业根据股东大会或类似机构审议批准的利润分配方案确定分配给投资者的现金股利或利润

　　B. 应付股利是指企业董事会或类似机构通过的分配给投资者的现金股利或利润

　　C. 企业应根据董事会或类似机构审议批准的利润分配方案进行会计处理

　　D. 企业不应根据董事会或类似机构审议批准的利润分配方案进行会计处理,也不在附注中披露

12. 对于企业到期确实无法支付的应付账款,应直接转入(　　)。

　　A. 资本公积　　　　　　　　　　B. 营业外收入

　　C. 其他业务收入　　　　　　　　D. 其他应付款

13. 甲公司为增值税一般纳税人,适用的增值税税率为13%。2023年1月,甲公司董事会决定将本公司生产的200件产品作为福利发放给公司管理人员。该批产品的单件成本为1万元,市场销售价格为每件1.5万元(不含增值税)。不考虑其他相关税费,甲公司在2023年因该项业务应计入管理费用的金额为(　　)万元。

　　A. 339　　　　　　　　　　　　B. 200

　　C. 300　　　　　　　　　　　　D. 226

14. 月份终了,企业计算本月应交未交的增值税额,应在(　　)科目的贷方反映。

　　A. "应交税费——应交增值税"

　　B. "应交税费——未交增值税"

　　C. "应交税费——应交增值税(转出未交增值税)"

　　D. "应交税费——应交增值税(转出多交增值税)"

15. B公司是一般纳税人,将自产的洗衣机作为福利发放给职工,成本价为55 000元,售价为60 000元,企业因此需要交纳的增值税为(　　)元。

A. 9 350　　　　　　　　　　B. 7 800
C. 7 150　　　　　　　　　　D. 9 775

16. 下列各选项中,不属于职工薪酬内容的是(　　)。
A. 医疗保险费等社会保险费　　B. 住房公积金
C. 工会经费和职工教育经费　　D. 职工差旅费

二、多项选择题

1. 下列项目在会计处理时将形成一项流动负债的有(　　)。
A. 股东会决议分派的现金股利
B. 质量与数量均不符合合同条件,计划退货的应付购货款项
C. 应付经营租入固定资产的租金
D. 计提应计入本期损益的短期借款利息

2. 下列税金中,应计入存货成本的有(　　)。
A. 由受托方代扣代缴的委托加工直接用于对外销售的商品负担的消费税
B. 由受托方代扣代缴的委托加工继续用于生产应纳消费税的商品负担的消费税
C. 进口原材料交纳的进口关税
D. 一般纳税企业购买原材料交纳的增值税

3. 企业支付短期利息时,可能借记的会计科目有(　　)。
A. 短期借款　　　　　　　　B. 管理费用
C. 应付利息　　　　　　　　D. 财务费用

4. 下列情况中企业支付的增值税额可作为进项税额处理的是(　　)。
A. 小规模纳税人购入生产用材料时取得了增值税专用发票
B. 一般纳税企业购入生产设备时取得了增值税专用发票
C. 一般纳税企业购入生产用材料时取得了增值税专用发票
D. 一般纳税企业购入不动产时取得了增值税专用发票

5. 下列项目属于其他应付款核算内容的有(　　)。
A. 应付经营租入固定资产的租金　　B. 收取的包装物押金
C. 应上交的教育费附加　　D. 应付职工的奖金

6. 企业计入"税金及附加"科目的有(　　)。
A. 房产税　　　　　　　　　B. 车船使用税
C. 印花税　　　　　　　　　D. 城镇土地使用税

7. 下列各项应作为增值税进项税额转出处理的有(　　)。
A. 由于运输单位责任造成的外购途中毁损的材料
B. 非常损失造成的存货盘亏
C. 以外购的产品作为福利发放给职工
D. 以产品对外投资

8. 在进行会计核算时,若贷记"应付职工薪酬——职工福利",则对应借记的科目可能有(　　)。

A. 制造费用 B. 销售费用
C. 生产成本 D. 管理费用

9. 下列项目中,属于职工薪酬的有( )。
A. 工资 B. 职工的困难补助
C. 养老保险 D. 辞退福利

10. 下列项目按会计规定不做销售处理,而在税法上视同销售的是( )。
A. 将自产、委托加工或购买的货物分配给股东或投资者
B. 将自产或委托加工的货物用于集体福利
C. 将自产或委托加工的货物无偿赠送他人
D. 将自产、委托加工或购买的货物对外投资

11. "应交税费"科目核算的税费有( )。
A. 应交增值税 B. 应交城市维护建设税
C. 应交教育费附加 D. 应交资源税

三、判断题

1. 短期借款利息在预提或实际支付时均应通过"短期借款"科目核算。( )
2. 企业的应付账款确实无法支付,经批准确认后转入营业外收入。( )
3. 企业只有在对外销售消费税应税产品时才需交纳消费税。( )
4. 企业将自产或委托加工的货物用于职工福利,在会计上按照货物成本转账,不用计税。( )
5. 负债必须通过资产来清偿。( )
6. 自产自用应税产品应交纳的资源税计入"税金及附加"科目。( )
7. 企业以自己生产的产品赠送他人,由于会计核算时不做销售处理,因此不需交纳增值税。( )
8. 因解除与职工的劳动关系给予的补偿应当根据谁受益谁分摊的原则分别计入成本费用。( )
9. 应付股利是指企业根据董事会或类似机构审议批准的利润分配方案确定分派给投资者的现金股利或利润。( )
10. 某企业为小规模纳税人,销售产品一批,含税价格为 13 000 元,增值税征收率为 3%,该批产品应交增值税为 390 元。( )

四、计算分析题

1. 甲企业为增值税一般纳税企业,材料按实际成本核算,适用的增值税税率为 13%,2023 年 10 月份发生如下经济业务:

(1) 1 日,购入一批原材料,增值税专用发票上注明的材料价款为 200 万元(不含增值税),增值税为 26 万元。货款未付,材料已验收入库。售货方开出的付款条件为 2/10,1/20,n/30。

(2) 7日,支付1日购入原材料的款项,假定在计算现金折扣时不考虑增值税。

(3) 10日,接受乙企业的订货,预收乙企业货款100 000元。

(4) 22日,发送乙企业所定货物,开出增值税专用发票注明价款200 000元,增值税为26 000元,同日收到乙企业补付的货款126 000元。

要求:

根据上述资料,编制有关的会计分录。

2. A公司为一家彩电生产企业,共有职工300名。2023年12月,公司以其生产的成本为0.5万元的液晶彩电作为福利发放给公司每名职工。该型号液晶彩电的售价为每台1万元,乙公司适用的增值税税率为13%。假定300名职工中280名为直接参加生产的职工,20名为总部管理人员。

要求:

根据上述资料编制相关的会计分录。

3. B公司为总部部门经理级别以上职工每人提供一辆免费使用的小汽车,该公司总部共有部门经理以上职工30名,假定每辆小汽车每月计提折旧2 000元;该公司还为其5名副总裁以上高级管理人员每人租赁一套公寓免费使用,月租金为每套10 000元(假定上述人员发生的费用无法认定受益对象)。

要求:

根据上述资料编制相关的会计分录。

4. 甲公司为增值税一般纳税人,适用的增值税税率为13%,材料采用实际成本进行日常核算。该公司2023年8月31日"应交税费——未交增值税"科目贷方余额为4万元。9月份发生如下涉及增值税的经济业务:

(1) 购买原材料一批,增值税专用发票上价款为60万元,增值税为7.8万元,已开出商业承兑汇票。材料已验收入库。

(2) 对外销售原材料一批,成本为36万元,计税价格为40万元,款项收到存入银行。

(3) 销售产品一批,销价为20万元(不含增值税额),成本为16万元,发票等单据已交购货方,货款尚未收到。

(4) 因管理不善毁损原材料一批,实际成本为10万元,经批准,列入管理费用。

(5) 用银行存款交纳上月未交增值税4万元。

(6) 月末将应交未交增值税进行结转。

要求:

编制上述经济业务相关的会计分录("应交税费"科目要求写出明细科目和专栏名称)。

项目十一　非流动负债

学 习 指 导

一、与债券有关的账务处理

1. 发行债券

借:银行存款
　　贷:应付债券——面值(债券面值)
　　　　　　　　——利息调整(差额)

注:"应付债券——利息调整"科目的发生额也可能在借方。发行债券的发行费用应计入发行债券的初始成本,反映在"应付债券——利息调整"明细科目中。

2. 期末计提利息

每期计入"在建工程""制造费用""财务费用"等科目的利息费用＝期初摊余成本×实际利率;每期确认的"应付利息"或"应付债券——应计利息"＝债券面值×票面利率。

借:"在建工程""制造费用""财务费用"等科目
　　应付债券——利息调整
　　贷:应付利息(分期付息债券利息)
　　　　应付债券——应计利息(到期一次还本付息债券利息)

注:"应付债券——利息调整"科目的发生额也可能在贷方。

3. 到期归还本金

借:应付债券——面值
　　贷:银行存款

二、与长期应付款有关的账务处理

借:固定资产(或在建工程)　　(租赁资产公允价值与最低租赁付款额现值两者
　　　　　　　　　　　　　　　中的较低者＋初始直接费用)
　　未确认融资费用
　　贷:长期应付款　　　　　　(最低租赁付款额)
　　　　银行存款　　　　　　　(初始直接费用)

未确认融资费用应当在租赁期内各个期间进行分摊。承租人应当采用实际利率法计算确认当期的融资费用。会计分录为：

借：财务费用
　　贷：未确认融资费用

每期未确认融资费用摊销额＝期初应付本金余额×实际利率＝（期初长期应付款余额－期初未确认融资费用余额）×实际利率。

知 识 训 练

一、单项选择题

1. 2023年2月1日，甲公司采用自营方式扩建厂房，借入专门借款600万元。2023年11月27日，厂房扩建工程达到预定可使用状态；2023年11月28日，厂房扩建工程验收合格；2023年12月3日，办理工程竣工结算；2023年12月16日，扩建后的厂房投入使用。假定不考虑其他因素，甲公司借入专门借款利息费用停止资本化的时间是（　　）。
　　A. 2023年11月27日　　　　　　B. 2023年11月28日
　　C. 2023年12月3日　　　　　　　D. 2023年12月16日

2. A公司2023年1月8日决定建造固定资产，2月18日取得专门借款并存入银行；3月18日支付工程款项；4月20日正式动工建造。A公司专门借款利息开始资本化的时间为（　　）。
　　A. 3月18日　　　　　　　　　　B. 4月20日
　　C. 2月18日　　　　　　　　　　D. 1月8日

3. 关于应付债券的核算，下列说法不正确的是（　　）。
　　A. 应付债券应当按照"面值""利息调整""应计利息"进行明细核算
　　B. 债券的溢、折价是通过"利息调整"来体现的
　　C. 对于分期付息、一次还本的债券，应于资产负债表日按摊余成本和实际利率计算确定的债券利息，计入"应付债券——应计利息"明细科目
　　D. 企业按应付债券的摊余成本和实际利率计算确定的债券利息费用可能计入"在建工程""制造费用""财务费用""研发支出"等科目

4. 某企业于2023年1月1日按面值发行3年期、到期一次还本付息的公司债券，该债券面值总额为8 000万元，票面年利率为5%，自发行日起计息。假定票面利率与实际利率一致，不考虑相关税费，2023年12月31日该应付债券的账面余额为（　　）万元。
　　A. 8 000　　　　　　　　　　　　B. 8 200
　　C. 8 600　　　　　　　　　　　　D. 8 400

5. 某股份有限公司于2023年1月1日发行3年期、每年1月1日付息、到期一次还本的公司债券，债券面值为200万元，票面年利率为6%，实际利率为5%，发行价格为214.65

万元。按实际利率法确认利息费用。该债券2023年度确认的利息费用为（　　）万元。（计算结果保留两位小数。）

A. 11.78　　　　　　　　　　B. 12
C. 10.73　　　　　　　　　　D. 10.67

6. 下列情形造成工程中断时间连续超过3个月，其借款费用应继续资本化的是（　　）。

A. 事先预计到的冰冻季节　　B. 与施工方发生质量纠纷
C. 资金周转发生困难　　　　D. 发生了施工安全事故

7. 如果某项固定资产的购建发生非正常中断，并且中断时间连续超过3个月，应当将中断期间所发生的借款费用，计入（　　）科目。

A. 财务费用　　　　　　　　B. 在建工程
C. 其他业务成本　　　　　　D. 营业外支出

8. 甲公司于2023年7月1日按面值发行3年期、到期一次还本付息、年利率为8%（不计复利）的债券，债券的面值总额为500万元。该公司所筹集的资金全部用于建造固定资产，至2023年12月31日工程尚未完工，计提本年长期债券利息。该期债券产生的实际利息费用全部符合资本化条件，作为在建工程成本，该公司2023年年末计提利息的会计分录为（　　）。

A. 借记在建工程20，贷记应付债券——应计利息20
B. 借记在建工程40，贷记应付债券——应计利息40
C. 借记在建工程40，贷记应付利息40
D. 借记在建工程20，贷记应付利息20

9. 就发行债券的企业而言，所获债券溢价收入实质是（　　）。

A. 为以后少付利息而付出的代价　　B. 为以后多付利息而得到的补偿
C. 本期利息收入　　　　　　　　　D. 以后期间的利息收入

10. 某公司于2023年1月1日对外发行3年期、面值总额为1 000万元的公司债券，债券票面年利率为7%，分期付息，到期一次还本，实际收到发行价款1 054.47万元。该公司采用实际利率法摊销债券溢折价，不考虑其他相关税费，经计算确定其实际利率为5%。2023年12月31日，该公司该项应付债券的"利息调整"明细科目余额为（　　）万元。

A. 54.47　　　　　　　　　　B. 71.75
C. 37.19　　　　　　　　　　D. 17.28

二、多项选择题

1. 对于分期付息、一次还本的债券，应于资产负债表日按摊余成本和实际利率计算确定的债券利息，可能借记的会计科目有（　　）。

A. 在建工程　　　　　　　　B. 财务费用
C. 研发支出　　　　　　　　D. 应付利息

2. "应付债券"账户的贷方反映的内容有（　　）。

A. 债券的面值　　　　　　　B. 期末计提应付债券利息

C. 对债券溢价的摊销　　　　　　　D. 债券发行时产生的债券溢价

3. 关于长期借款的核算,下列说法正确的有(　　)。
A. 企业借入长期借款,应按实际收到的现金净额,借记"银行存款"科目,贷记"长期借款——本金",按其差额,借记"长期借款——利息调整"
B. 资产负债表日,应按摊余成本和实际利率计算确定的长期借款的利息费用
C. 计提的长期借款的利息有可能计入"在建工程""制造费用""财务费用""研发支出"等科目
D. 长期借款的期末贷方余额,反映企业尚未偿还的长期借款的摊余成本

4. 下列对长期借款利息费用的会计处理,正确的有(　　)。
A. 筹建期间的借款利息计入管理费用
B. 日常生产经营活动的借款利息计入财务费用
C. 符合资本化条件的借款利息计入相关资产成本
D. 筹建期间的借款利息计入长期待摊费用

5. 下列关于企业发行一般公司债券的会计处理,正确的有(　　)。
A. 无论是按面值发行,还是溢价发行或折价发行,均应按债券面值计入"应付债券"科目的"面值"明细科目
B. 实际收到的款项与面值的差额,应计入"利息调整"明细科目
C. 对于利息调整,企业应在债券存续期间内选用实际利率法或直线法进行摊销
D. 资产负债表日,企业应按应付债券的面值和实际利率计算确定当期的债券利息费用

三、判断题

1. 资本化期间,是指从借款费用开始资本化时点到停止资本化时点的期间。　(　　)
2. 对于固定资产借款发生的利息支出,在竣工决算前发生的,应予资本化,将其计入固定资产的建造成本;在竣工决算后发生的,则应作为当期费用处理。　(　　)
3. 符合资本化条件的资产在构建过程中发生非正常中断,且中断时间连续超过3个月的,应当暂停借款费用的资本化。　(　　)
4. 债券的发行有平价、溢价、折价三种发行价格,但我国不允许折价发行债券。(　　)
5. 在债券的账务处理中,如看到"应付债券——应计利息"科目,则表明该债券使用的是一次还本、分次付息的计息方式。　(　　)

四、计算分析题

1. 某企业2023年发生的长期借款和仓库建造业务如下:
(1) 2023年1月1日,为建造一幢仓库,从银行取得长期借款1 000万元,期限为3年,合同年利率为4%(合同利率等于实际利率),不计复利,每年末计提并支付利息一次,到期一次还本。
(2) 2023年1月1日,开始建造仓库,当日用该借款购买工程物资700万元(不考虑增值税),全部用于工程建设,同时支付工程款300万元。

(3) 2023年12月31日仓库工程完工并验收合格,达到预定可使用状态。仓库达到预定可使用状态前发生的借款利息全部予以资本化。该仓库预计使用年限为30年,预计净残值为0,采用年限平均法计算折旧。假定未发生其他建造支出。

要求:

(1) 编制取得长期借款的会计分录;

(2) 编制 2023 年 12 月 31 日计提长期借款利息的会计分录;

(3) 计算仓库完工交付使用时的入账价值,编制结转仓库成本的会计分录;

(4) 编制 2024 年 12 月 31 日计提长期借款利息的会计分录。

2. A公司于2023年1月1日发行了面值为2 500万元的公司债券,债券期限为3年,发行价格为2 366.35万元,票面利率为4%,实际利率为6%,2024年1月5日支付上年利息,到期一次还本。假定A公司发行公司债券募集的资金专门用于资金周转的需要。

要求:

编制从债券发行至到期还本付息的会计分录。(计算结果保留两位小数。)

3. A公司经批准于2023年1月1日发行2年期、面值为100元的债券200 000份,债券年利率为3%,每年7月1日和12月31日付息,到期时归还本金和最后一期利息。该批债券发行总价款为1 961万元,债券年实际利率为4%。所筹资金全部用于新生产线的建设,该生产线于2023年年底达到预定可使用状态。

要求：
根据上述资料做出 A 公司有关该债券存续期间内的相关账务处理。

五、综合题

甲公司于 2023 年初购入一台不需要安装的生产用设备，总价款为 1 000 万元，分三次付款，2023 年末支付 400 万元，2024 年末支付 300 万元，2025 年末支付 300 万元。税法规定，增值税在约定的付款时间内按约定的付款额计算交纳。假定资本市场利率为 10%，无其他相关税费。

要求：
编制上述业务会计分录。

项目十二 所有者权益

学习指导

一、实收资本的核算

股份有限公司设置"股本"科目,其他企业设置"实收资本"科目,核算投资者投入资本的增减变动情况。企业一般可以通过将资本公积或盈余公积转为实收资本或股本和所有者投入等途径增加资本,股份有限公司也可以通过发行股票等方法实现增资。企业按照法定程序减资的,按减少的注册资本金额减少实收资本。股份有限公司采用收购本公司股票方式减资的,注销库存股账面余额,股票面值总额和库存股账面余额之间的差额冲减"资本公积——股本溢价",股本溢价不足冲减的,依次冲减"盈余公积"和"利润分配——未分配利润"。

二、资本公积和其他综合收益的核算

资本公积的来源包括资本(或股本)溢价和其他资本公积。

其他综合收益包括:① 长期股权投资采用权益法核算时,在持股比例不变的情况下,被投资单位除净损益以外所有者权益的其他变动;② 自用房地产或存货转为以公允价值计量的投资性房地产,在转换日公允价值大于账面价值的部分;③ 其他债权投资和其他权益工具投资公允价值变动等。

三、留存收益的核算

留存收益包括盈余公积和未分配利润。盈余公积是企业按照有关规定从净利润中提取的积累资金。公司制企业的盈余公积包括法定盈余公积和任意盈余公积。企业提取的盈余公积可用于弥补亏损、转增资本等。未分配利润是企业实现的净利润经过弥补亏损、提取盈余公积和向投资者分配利润后留存在企业的、历年结存的利润。

知 识 训 练

一、单项选择题

1. 某企业年初所有者权益为 160 万元,本年度实现净利润 300 万元,以资本公积转增资本 50 万元,提取盈余公积 30 万元,向投资者分派现金股利 20 万元。假设不考虑其他因素,该企业年末所有者权益为(　　)万元。
   A. 360　　　　　　　　　　　　B. 410
   C. 440　　　　　　　　　　　　D. 460

2. 关于股份有限公司采用收购本公司股票方式减资的,下列说法中正确的是(　　)。
   A. 应按股票面值和注销股数计算的股票面值总额减少股本
   B. 应按股票面值和注销股数计算的股票面值总额减少库存股
   C. 应按股票面值和注销股数计算的股票面值总额增加股本
   D. 应按股票面值和注销股数计算的股票面值总额增加库存股

3. 某企业年初未分配利润贷方余额为 500 万元,本年实现净利润 2 000 万元,按净利润的 10% 提取法定盈余公积,向投资者分配利润 120 万元。该企业本年年末可供分配利润为(　　)万元。
   A. 2 300　　　　　　　　　　　B. 2 500
   C. 2 180　　　　　　　　　　　D. 2 620

4. 下列各项中,能够引起所有者权益总额变化的是(　　)。
   A. 以盈余公积转增资本　　　　　B. 增发新股
   C. 宣告分派的股票股利　　　　　D. 以盈余公积弥补亏损

5. 某公司"盈余公积"科目的年初余额为 300 万元,本期实现净利润 1 500 万元,按照净利润的 10% 提取法定盈余公积,同时用盈余公积转增资本 200 万元,该公司"盈余公积"科目的年末余额为(　　)万元。
   A. 200　　　　　　　　　　　　B. 250
   C. 300　　　　　　　　　　　　D. 350

6. 某企业年初未分配利润贷方余额为 200 万元,本年利润总额为 1 000 万元,该企业适用的所得税税率为 25%,不考虑纳税调整事项,按净利润的 10% 提取法定盈余公积,提取任意盈余公积 50 万元,向投资者分配利润 50 万元。该企业年末未分配利润贷方余额为(　　)万元。
   A. 875　　　　　　　　　　　　B. 925
   C. 775　　　　　　　　　　　　D. 750

7. 企业接受非现金资产投资时,应按(　　)(其不公允的除外)确定非现金资产价值和在注册资本中应享有的份额。

A. 投资合同约定的价值　　　　　　B. 被投资方确定的价值
C. 投资方非现金资产的账面价值　　D. 投资方确定的价值

8. A公司将一批原材料投资作价投入到B公司中,该批原材料投资合同约定的价值(不含可抵扣的增值税进项税额)为500 000元,增值税进项税额为65 000元。A公司已开具了增值税专用发票。假设合同约定的价值与公允价值相符,该进项税额允许抵扣,不考虑其他因素,B公司应计入实收资本的金额为( )元。
　　A. 500 000　　　　　　　　　　B. 65 000
　　C. 565 000　　　　　　　　　　D. 435 000

9. 下列各项中,能够导致企业留存收益减少的是( )。
　　A. 宣告派发现金股利　　　　　　B. 以资本公积转增资本
　　C. 提取盈余公积　　　　　　　　D. 以盈余公积弥补亏损

10. 对有限责任公司而言,如有新投资者加入,新加入的投资者交纳的出资额大于按约定比例计算的其在注册资本中所占的份额部分,应计入( )科目。
　　A. 实收资本　　　　　　　　　　B. 营业外收入
　　C. 资本公积　　　　　　　　　　D. 盈余公积

11. 某上市公司发行普通股1 000万股,每股面值为1元,每股发行价格为5元,支付手续费20万元,支付咨询费60万元。该公司发行普通股计入股本的金额为( )万元。
　　A. 1 000　　　　　　　　　　　B. 4 920
　　C. 4 980　　　　　　　　　　　D. 5 000

12. 甲股份有限公司委托乙证券公司发行普通股,股票面值总额为4 000万元,发行总额为16 000万元,发行费按发行总额的2%计算(不考虑其他因素),股票发行净收入全部收到。甲股份有限公司该笔业务计入"资本公积"科目的金额为( )万元。
　　A. 4 000　　　　　　　　　　　B. 11 680
　　C. 11 760　　　　　　　　　　　D. 12 000

13. 某股份有限公司按法定程序报经批准后采用收购本公司股票方式减资,购回股票支付价款低于股票面值总额的,所注销库存股账面余额与冲减股本的差额应计入( )。
　　A. 盈余公积　　　　　　　　　　B. 营业外收入
　　C. 资本公积　　　　　　　　　　D. 未分配利润

14. 长江股份有限公司委托招商证券公司代理发行普通股6 000万股,每股面值为1元,按每股1.05元的价格发行。公司与招商证券公司约定,招商证券公司按发行收入的2%收取手续费,从发行收入中扣除。在上述情况下,长江股份有限公司收到股款的会计分录不涉及的会计科目有( )。
　　A. 银行存款　　　　　　　　　　B. 资本公积
　　C. 股本　　　　　　　　　　　　D. 盈余公积

15. 下列各项中,应计入"资本公积"科目借方的是( )。
　　A. 无法支付的应付账款
　　B. 以资本公积转增资本
　　C. 接受投资者以现金投资10万元,投资协议约定其在注册资本中占6万元
　　D. 接受投资者投入一项专利技术,投资各方确认的价值超过其在注册资本中所占的份额

二、多项选择题

1. 甲有限责任公司于2022年1月1日向乙公司投资1 000 000元,拥有乙公司20%的股份,并对乙公司有重大影响。甲公司对乙公司长期股权投资采用权益法核算。2022年12月31日,乙公司净损益之外的所有者权益增加了100 000元,乙公司资产的账面价值与公允价值一致,不考虑其他因素,甲公司应做的会计处理为(　　)。
   A. 增加"资本公积——股权投资准备"20 000元
   B. 增加"资本公积——其他资本公积"20 000元
   C. 增加"投资收益"20 000元
   D. 增加"长期股权投资"20 000元

2. 下列项目中,属于资本公积核算的内容有(　　)。
   A. 企业收到投资者的出资额　　B. 股份支付所形成的所有者权益变动
   C. 企业接受的现金捐赠
   D. 企业收到投资者出资额超出其在注册资本或股本中所占份额的部分

3. 企业吸收投资者出资时,下列会计科目的余额可能发生变化的有(　　)。
   A. 盈余公积　　　　　　　　B. 资本公积
   C. 实收资本　　　　　　　　D. 利润分配

4. "库存股"科目核算的内容有(　　)。
   A. 企业为奖励本公司职工而收购本公司股份
   B. 将收购的股份奖励给本公司职工
   C. 股东因对股东大会做出的公司合并、分立决议持有异议而要求公司收购其股份的,企业实际支付的金额
   D. 企业转让库存股或注销库存股

5. 下列各项中,属于所有者权益的有(　　)。
   A. 实收资本　　　　　　　　B. 未分配利润
   C. 待处理财产损益　　　　　D. 法定盈余公积

6. "利润分配"应设置的明细会计科目包括(　　)。
   A. 提取法定盈余公积　　　　B. 提取任意盈余公积
   C. 应付现金股利或利润　　　D. 转做股本的股利

7. 下列各项中,会使企业所有者权益增加的有(　　)。
   A. 当年发生盈利　　　　　　B. 用当年税后利润弥补以前年度亏损
   C. 接受投资者投资　　　　　D. 以盈余公积补亏

8. 影响可供分配利润项目的因素有(　　)。
   A. 年初未分配利润　　　　　B. 提取任意盈余公积
   C. 其他转入　　　　　　　　D. 当年实现的净利润

9. 下列各项中,构成企业留存收益的有(　　)。
   A. 资本溢价　　　　　　　　B. 未分配利润
   C. 任意盈余公积　　　　　　D. 法定盈余公积

10. 下列各项中,不会引起所有者权益总额发生增减变动的有(　　)。
   A. 宣告发放股票股利　　　　　　B. 资本公积转增资本
   C. 盈余公积转增资本　　　　　　D. 接受投资者追加投资
11. 下列各项中,不会引起留存收益变动的有(　　)。
   A. 盈余公积补亏　　　　　　　　B. 计提法定盈余公积
   C. 盈余公积转增资本　　　　　　D. 计提任意盈余公积
12. 下列各项中,年度终了需要转入"利润分配——未分配利润"科目的有(　　)。
   A. 本年利润　　　　　　　　　　B. 利润分配——应付现金股利
   C. 利润分配——盈余公积补亏　　D. 利润分配——提取法定盈余公积
13. 企业吸收投资者出资时,下列会计科目的余额不会发生变化的有(　　)。
   A. 营业外收入　　　　　　　　　B. 实收资本
   C. 利润分配　　　　　　　　　　D. 资本公积
14. 下列事项中,可能引起资本公积变动的有(　　)。
   A. 接受投资者投资
   B. 股东大会宣告分派现金股利
   C. 权益法核算下,被投资单位因投资者追加投资而产生的资本溢价
   D. 企业以高于股票面值的价格回购并注销股票以减少股本

三、判断题

1. 企业年末资产负债表中的未分配利润的金额可能不等于"利润分配"科目的年末余额。(　　)
2. 企业以盈余公积转增资本,会引起所有者权益总额的变动。(　　)
3. 虽然所有者权益和负债都是对企业资产的要求权,但它们的性质是不一样的。(　　)
4. 用盈余公积转增资本不影响所有者权益总额的变化,但会使企业净资产减少。(　　)
5. 企业可以使用盈余公积来发放工资。(　　)
6. 企业接受的固定资产投资,其增值税额不能计入实收资本。(　　)
7. 发行股票相关的手续费、佣金等交易费用,应当计入当期损益。(　　)
8. 在按面值发行和溢价发行股票的情况下,企业发行股票取得的收入,应全部作为股本处理。(　　)
9. 企业接受现金捐赠,相应地增加企业的资本公积数额。(　　)
10. 企业董事会宣告发放现金股利和股票股利时,应作为负债和利润分配处理。(　　)
11. 收入能够导致企业所有者权益增加,但导致所有者权益增加的不一定都是收入。(　　)
12. 企业接受投资者以非现金资产投资时,应按该资产的账面价值入账。(　　)
13. 法定盈余公积的提取基数不包括企业年初未分配利润。(　　)

14. 企业以盈余公积向投资者分配利润,会引起所有者权益总额的变动。（　　）
15. 用法定盈余公积转增资本或弥补亏损时,均不导致所有者权益总额发生变化。
（　　）
16. 企业不能用盈余公积分派现金股利。（　　）
17. 资本公积经批准后可用于派发现金股利。（　　）
18. 以资本公积转增资本使留存收益减少。（　　）

四、计算分析题

1. 兴皖公司2022年实现净利润1 800 000元,公司董事会决定按10%提取法定盈余公积,25%提取任意盈余公积,分派现金股利500 000元(其盈余公积未达注册资本50%)。

兴皖公司现有股东情况如下:A公司占25%,B公司占30%,C公司占10%,D公司占5%,其他占30%。经公司股东大会决议,以盈余公积500 000元转增资本,并已办妥转增手续。

2023年兴皖公司亏损100 000元,决定以盈余公积补亏。

要求：
根据以上资料,编制有关会计分录。

2. 甲股份有限公司2021年"未分配利润"年初贷方余额为200万元,按10%提取法定盈余公积金,所得税税率为25%,2021年至2023年的有关资料如下：
(1) 2021年实现净利200万元;提取法定盈余公积金后,宣告派发现金股利100万元。
(2) 2022年发生亏损600万元。
(3) 2023年实现利润总额800万元。

要求：
(1) 编制2021年有关利润分配的会计分录(单位用万元表示)；
(2) 编制2022年结转亏损的会计分录；
(3) 计算2023年应交的所得税；

（4）计算2023年可供分配利润。

3. 甲上市公司2022年至2023年发生与其股票有关的业务如下：

（1）2022年1月4日，经股东大会决议，并报有关部门核准，增发普通股40 000万股，每股面值为1元，每股发行价格为5元，股款已全部收到并存入银行。假定不考虑相关税费。

（2）2022年6月20日，经股东大会决议，并报有关部门核准，以资本公积4 000万元转增股本。

（3）2023年6月20日，经股东大会决议，并报有关部门核准，以银行存款回购本公司股票100万股，每股回购价格为3元。

（4）2023年6月26日，经股东大会决议，并报有关部门核准，将回购的本公司股票100万股注销。

要求：

逐笔编制甲上市公司上述业务的会计分录。

4. 皖兴有限责任公司（以下简称皖兴公司）2023年1月1日由投资者甲和投资者乙共同出资成立，每人出资200 000元，各占50%的股份。9月30日"资本公积——资本溢价"贷方余额为4 000元。10月1日投资者甲和投资者乙决定吸收丙、丁两位新投资者加入皖兴公司。经有关部门批准后，皖兴公司实施增资，将注册资本增加到800 000元。经四方协商，一致同意，完成下述投入后，各占皖兴公司1/4的股份。各投资者的出资情况如下（所涉及款项全部以银行存款收支）：

(1) 投资者丙以 360 000 元投入皖兴公司作为增资,10 月 11 日收到此款项并存入银行。

(2) 投资者丁以一批原材料投入皖兴公司作为增资,双方确认的价值为 318 000 元,与其市场价格相等,税务部门认定应交增值税额为 41 340 元。投资者丁已开具了增值税专用发票。

要求:
(1) 编制上述 10 月份发生的经济业务的会计分录;
(2) 计算资本公积的期末余额。

五、综合题

甲股份有限公司(以下简称甲公司)2015～2023 年有关业务资料如下:

(1) 2015 年 1 月 1 日,甲公司股东权益总额为 46 500 万元(其中,股本总额为 10 000 万股,每股面值为 1 元;资本公积为 30 000 万元;盈余公积为 6 000 万元;未分配利润为 500 万元)。2015 年度实现净利润 400 万元,股本与资本公积项目未发生变化。

2016 年 3 月 1 日,甲公司董事会提出如下预案:按 2015 年度实现净利润的 10% 提取法定盈余公积;以 2015 年 12 月 31 日的股本总额为基数,以资本公积(股本溢价)转增股本,每 10 股转增 4 股,计 4 000 万股。

2016 年 5 月 5 日,甲公司召开股东大会,审议批准了董事会提出的预案,同时决定分派现金股利 300 万元。2016 年 6 月 10 日,甲公司办妥了上述资本公积转增股本的有关手续。

(2) 2016 年度,甲公司发生净亏损 3 142 万元。

(3) 2017～2022 年,甲公司分别实现利润总额 200 万元、300 万元、400 万元、500 万元、600 万元和 600 万元。假定甲公司适用的所得税税率为 25%,无其他纳税调整事项。

(4) 2023 年 5 月 9 日,甲公司股东大会决定以法定盈余公积弥补 2022 年 12 月 31 日账面累计未弥补亏损。

假定:2016 年发生的亏损可用以后 5 年内实现的税前利润弥补;除前述事项外,其他因素不予考虑。

要求:
(1) 编制甲公司 2016 年 3 月提取 2015 年度法定盈余公积的会计分录;
(2) 编制甲公司 2016 年 5 月宣告分派 2015 年度现金股利的会计分录;

(3) 编制甲公司 2016 年 6 月资本公积转增股本的会计分录；
(4) 编制甲公司 2016 年度结转当年净亏损的会计分录；
(5) 计算甲公司 2022 年度应交所得税并编制结转当年净利润的会计分录；
(6) 计算甲公司 2022 年 12 月 31 日账面累计未弥补亏损；
(7) 编制甲公司 2023 年 5 月以法定盈余公积弥补亏损的会计分录。

项目十三　收入、费用和利润

学 习 指 导

一、收入的概念

1. 定义

收入是指企业在日常活动中形成的、会导致所有者权益增加的、与所有者投入资本无关的经济利益的总流入。

2. 收入确认和计量的基本原则（五步法）

第一步，识别与客户订立的合同。（与确认有关）

第二步，识别合同中的单项履约义务。（与确认有关）

第三步，确定交易价格。（与计量有关）

第四步，将交易价格分摊至各单项履约义务。（与计量有关）

第五步，履行各单项履约义务时确认收入。（与确认有关）

二、一般销售商品收入的核算

1. 通常情况下销售商品收入的处理

确认商品销售收入：

借：应收账款（或银行存款等）

　　贷：主营业务收入

　　　　应交税费——应交增值税（销项税额）

结转商品销售成本：

借：主营业务成本

　　贷：库存商品

2. 销售商品涉及现金折扣、商业折扣、销售折让的处理

（1）企业销售商品涉及商业折扣的，应当按照扣除商业折扣后的金额确定销售商品收入金额。

（2）企业销售商品涉及现金折扣的，应当按照扣除现金折扣前的金额确定销售收入金额。

(3) 发生于销售收入确认之前的,按扣除折让后的金额入账;发生于销售收入确认之后的,冲减当期的销售收入。

3. 销售退回的处理

(1) 未确认销售收入的销售退回,于收到退回的商品时,冲减"发出商品"科目,同时增加"库存商品"科目。

(2) 已确认销售收入,但不属于资产负债表日后事项的销售退回,一般应在发生时冲减当期销售商品收入,同时冲减当期销售成本。

(3) 已确认销售收入,且属于资产负债表日后事项的销售退回,应当按照有关资产负债表日后调整事项的相关规定进行会计处理。

4. 具有融资性质的分期收款销售商品的处理

企业销售商品,有时会采用分期收款的方式,如分期收款发出商品,即商品已经交付,货款分期收回(通常为超过3年)。如果延期收取的货款具有融资性质,其实质是企业向购货方提供信贷,企业应当按照应收的合同或协议价款的公允价值确定收入金额。应收的合同或协议价款的公允价值,通常应当按照其未来现金流量现值或商品现销价格计算确定。

应收的合同或协议价款与其公允价值之间的差额,应当在合同或协议期间内,按照应收款项的摊余成本和实际利率计算确定的金额进行摊销,作为财务费用的抵减处理。其中,实际利率是指具有类似信用等级的企业发行类似工具的现时利率,或者将应收的合同或协议价款折现为商品现销价格时的折现率等。

应收的合同或协议价款与其公允价值之间的差额,按照实际利率法摊销与直线法摊销的结果相关不大的,也可以采用直线法进行摊销。

5. 委托代销安排

委托代销安排是指委托方和受托方签订代销合同或协议,委托受托方向终端客户销售商品。

(1) 委托方的账务处理。

a. 发出商品时:

借:委托代销商品
　　贷:库存商品

b. 收到代销清单时:

借:应收账款
　　贷:主营业务收入
　　　　应交税费——应交增值税(销项税额)

借:主营业务成本
　　贷:委托代销商品

借:销售费用
　　应交税费——应交增值税(进项税额)
　　贷:应收账款

c. 收到受托方支付的货款时:

借:银行存款
　　贷:应收账款

(2) 受托方的账务处理。

a. 收到商品时：

借：受托代销商品
　　贷：受托代销商品款

b. 对外销售时：

借：银行存款
　　贷：受托代销商品
　　　　应交税费——应交增值税（销项税额）

c. 收到增值税专用发票时：

借：受托代销商品款
　　应交税费——应交增值税（进项税额）
　　贷：应付账款

d. 支付货款并计算代销手续费时：

借：应付账款
　　贷：银行存款
　　　　其他业务收入——代销手续费
　　　　应交税费——应交增值税（销项税额）

三、合同成本

1. 合同取得成本

企业为取得合同发生的增量成本预期能够收回的，应作为合同取得成本确认为一项资产。增量成本是指企业不取得合同就不会发生的成本，也就是企业发生的与合同直接相关，但又不是所签订合同的对象或内容（如建造商品或提供服务）本身所直接发生的费用，例如销售佣金等，如果销售佣金等预期可通过未来的相关服务收入予以补偿，该销售佣金（即增量成本）应在发生时确认为一项资产，即合同取得成本。

2. 合同履约成本

企业为履行合同可能会发生各种成本，企业在确认收入的同时应当对这些成本进行分析，属于《企业会计准则第14号——收入》（2018）准则规范范围且同时满足下列条件的，应当作为合同履约成本确认为一项资产：

(1) 该成本与一份当前或预期取得的合同直接相关。包括：

① 与合同直接相关的成本。包括：A. 直接人工费用，如支付给直接为客户提供所承诺服务的人员的工资、奖金等；B. 直接材料费用，如为履行合同耗用的原材料、辅助材料、构配件、零件、半成品的成本和周转材料的摊销及租赁费用等；C. 制造费用或类似费用组织和管理相关生产、施工、服务等活动发生的费用，包括管理人员的职工薪酬、劳动保护费、固定资产折旧费及修理费、物料消耗、取暖费、水电费、办公费、差旅费、财产保险费、工程保修费、临时设施摊销费等。

② 明确由客户承担的成本以及仅因该合同而发生的其他成本，如支付给分包商的成本、机械使用费、设计和技术援助费用、施工现场二次搬运费、生产工具和用具使用费、检验

试验费、工程定位复测费、工程点交费用、场地清理费等。

(2) 该成本增加了企业未来用于履行(包括持续履行)履约义务的资源。

(3) 该成本预期能够收回。

四、费用的确认

费用是指企业在日常活动中发生的、会导致所有者权益减少、与向所有者分配利润无关的经济利益的总流出。根据费用的定义,费用具有以下特征:① 费用是企业在日常活动中形成的;② 费用会导致所有者权益的减少;③ 费用是与向所有者分配利润无关的经济利益的总流出。

费用的确认除了应当符合定义外,至少应当符合以下条件:① 与费用相关的经济利益应当很可能流出企业;② 经济利益的流出额能够可靠计量。

五、期间费用

期间费用,是指本期发生的、不能直接或间接归入某种产品成本的、直接计入损益的各项费用,包括管理费用、销售费用和财务费用。

(1) 管理费用。管理费用是指企业为组织和管理企业生产经营所发生的各种费用。

(2) 销售费用。销售费用是指企业在销售商品和材料、提供劳务的过程中发生的各种费用。

(3) 财务费用。财务费用是指企业为筹集生产经营所需资金等而发生的筹资费用。

六、利润

(一) 利润的构成

利润是指企业在一定会计期间的经营成果。利润包括收入减去费用后的净额、直接计入当期利润的利得和损失等。其中直接计入当期利润的利得和损失,是指应当计入当期损益、会导致所有者权益发生增减变动的、与所有者投入资本或者向所有者分配利润无关的利得或者损失。利润的计算过程如下:

1. 营业利润

营业利润 = 营业收入 − 营业成本 − 税金及附加 − 销售费用 − 管理费用 − 财务费用 − 资产减值损失 + 公允价值变动收益(或 − 公允价值变动损失) + 投资收益(或 − 投资损失)

2. 利润总额

利润总额 = 营业利润 + 营业外收入 − 营业外支出

3. 净利润

净利润 = 利润总额 − 所得税费用

其中,所得税费用是指企业确认的应从当期利润总额中扣除的所得税费用。

（二）营业外收支

1. 营业外收入

营业外收入是指企业发生的与日常活动无直接关系的各项利得。营业外收入主要包括：非流动资产处置利得、非货币性资产交换利得、债务重组利得、政府补助、盘盈利得、捐赠利得等。

企业应当通过"营业外收入"科目，核算营业外收入的取得和结转情况。该科目可按营业外收入项目进行明细核算。期末，应将该科目余额转入"本年利润"科目，结转后该科目无余额。

2. 营业外支出

营业外支出是指企业发生的与日常活动无直接关系的各项损失。营业外支出主要包括：非流动资产处置损失、非货币性资产交换损失、债务重组损失、公益性捐赠支出、非常损失、盘亏损失等。

企业应当通过"营业外支出"科目，核算营业外支出的发生和结转情况。该科目可按营业外支出项目进行明细核算。期末，应将该科目余额转入"本年利润"科目，结转后该科目无余额。

需要注意的是，营业外收入和营业外支出应当分别核算。在具体核算时，不得以营业外支出直接冲减营业外收入，也不得以营业外收入冲减营业外支出，即企业在会计核算时，应当区别营业外收入和营业外支出进行核算。

七、所得税费用

（一）所得税与所得税费用

所得税是以个人和法人的所得为征税对象的一种税制体系，通常包括个人所得税和企业所得税。其中，企业所得税是以企业取得的生产经营所得和其他所得为征税对象征收的一种税。根据税法规定，企业以应纳税所得额为基础计算的各种境内和境外税额是企业所得税费用的重要内容之一。

所得税费用是指企业依据《企业会计准则》的规定，确认与计量的、应计入当期损益的所得税费用，包括根据税法规定计算确定的当期所得税和根据《企业会计准则》确定的递延所得税。

（二）计税基础

所谓计税基础，是指根据税法规定，在计算应纳税所得额时，可以从应税经济利益中扣除的金额。所得税会计的关键在于确定资产、负债的计税基础。在确定资产、负债的计税基础时，应严格遵循税法有关资产的税务处理和在计算应纳税所得额时准予从收入额中扣除的项目的规定。

1. 资产的计税基础

资产的计税基础，是指企业收回资产账面价值过程中，计算应纳税所得额时按照税法规

定可以自应税经济利益中抵扣的金额,即:

资产的计税基础＝未来可税前列支的金额

某一资产负债表日的计税基础＝成本－以前期间已税前列支的金额

导致资产的账面价值与其计税基础不一致的原因主要有:

(1) 会计政策、会计估计与税法规定不一致,如固定资产的折旧方法、折旧年限等与税法规定不一致。

(2) 资产减值。

(3) 资产的计量,包括初始计量和后续计量与税法规定不一致。

2. 负债的计税基础

负债的计税基础,是指负债的账面价值减去未来期间计算应纳税所得额时按照税法规定可予抵扣的金额,即:

负债的计税基础＝账面价值－未来期间计算应纳税所得额时按照税法规定可予税前扣除的金额

负债的确认与清偿一般不会影响企业的损益,也不会影响其应纳税所得额,即未来期间计算应纳税所得额时按照税法规定可予抵扣的金额为零,负债的计税基础与其账面价值相等。但在某些情况下,负债的计税基础可能会与其账面价值不一致,这种差异主要产生于负债的确认与税法规定不一致,如预计负债、预收账款等。

(三) 暂时性差异

暂时性差异,是指资产或负债的账面价值与其计税基础之间的差异。按照暂时性差异对未来期间应税金额的影响,分为应纳税暂时性差异和可抵扣暂时性差异。

1. 应纳税暂时性差异

应纳税暂时性差异,是指在确定未来收回资产或清偿负债期间的应纳税所得额时,将导致产生应税金额的暂时性差异。应纳税暂时性差异将导致在销售或使用资产或偿付负债的未来期间内增加应纳税所得额,从而增加未来期间的所得税现金流出。所以,在应纳税暂时性差异产生当期,应当确认相关的递延所得税负债。

应纳税暂时性差异通常产生于以下情况:

(1) 资产的账面价值大于其计税基础。一项资产的账面价值代表的是企业在持续使用或最终出售该资产时将取得的经济利益的总额,而计税基础代表的是一项资产在未来期间可予税前扣除的金额。资产的账面价值大于其计税基础,表明该项资产未来期间产生的经济利益不能全部税前抵扣,两者之间的差异需要纳税,产生应纳税暂时性差异。

(2) 负债的账面价值小于其计税基础。由于负债的计税基础,是指负债的账面价值减去未来期间计算应纳税所得额时按照税法规定可予抵扣的金额,所以负债产生的暂时性差异实质上是税法规定就该项负债在未来期间可以税前抵扣的金额。即:

负债产生的暂时性差异＝账面价值－计税基础

＝账面价值－(账面价值－未来期间计算应纳税所得额时按照税法规定可予抵扣的金额)

＝未来期间计算应纳税所得额时按照税法规定可予抵扣的金额

当负债的账面价值小于其计税基础时,表明未来期间计算应纳税所得额时按照税法规定可予抵扣的金额为负数,即增加未来期间应纳税所得额和应交所得税金额,产生应纳税暂时性差异。

2. 可抵扣暂时性差异

可抵扣暂时性差异,是指在确定未来收回资产或清偿负债期间的应纳税所得额时,将导致产生可抵扣金额的暂时性差异。可抵扣暂时性差异将导致在销售或使用资产或偿付负债的未来期间内减少应纳税所得额,从而减少未来期间的所得税现金流出。在可抵扣暂时性差异产生当期,且符合确认条件的情况下,应确认相关的递延所得税资产。

可抵扣暂时性差异一般产生于以下情况:

(1) 资产的账面价值小于其计税基础。当一项资产的账面价值小于其计税基础时,表明该资产在未来产生的经济利益少,按照税法规定允许税前扣除的金额多,企业在未来期间可以减少应纳税所得额并减少应交所得税。

(2) 负债的账面价值大于其计税基础。一项负债的账面价值大于其计税基础,意味着未来期间计算应纳税所得额时按照税法规定可予抵扣的金额大于零,因而会减少未来期间的应纳税所得额和应交所得税。

综上所述,对暂时性差异的产生情况进行归纳,如表 13.1 所示。

表 13.1 暂时性差异的产生情况

	资 产	负 债
账面价值>计税基础	应纳税暂时性差异 (递延所得税负债)	可抵扣暂时性差异 (递延所得税资产)
账面价值<计税基础	可抵扣暂时性差异 (递延所得税资产)	应纳税暂时性差异 (递延所得税负债)

3. 特殊项目产生的暂时性差异

特殊项目产生的暂时性差异,主要包括以下两种情况:

(1) 未作为资产、负债确认的项目产生的暂时性差异,如企业在筹建期间发生的费用。

(2) 可抵扣亏损及税款抵减产生的暂时性差异。

(四) 所得税会计核算的一般程序

《企业会计准则第 18 号——所得税》是从资产负债表出发,通过比较按照会计准则的规定确定的、在资产负债表上列示的资产、负债的账面价值与按照税法规定确定的计税基础,对两者之间的差异分应纳税暂时性差异与可抵扣暂时性差异,确认相关的递延所得税负债和递延所得税资产,并在此基础上确定每一会计期间的所得税费用。所得税会计的一般核算程序是:

(1) 确定资产和负债的账面价值。

(2) 确定资产和负债的计税基础。

(3) 比较资产、负债的账面价值与其计税基础,确认递延所得税。

递延所得税是指按照所得税准则规定当期应予确认的递延所得税资产和递延所得税负债金额,是递延所得税资产和递延所得税负债当期发生额的综合结果,即:

递延所得税=(期末递延所得税负债-期初递延所得税负债)-(期末递延所得税资产-期初递延所得税资产)

值得注意的是,这里的递延所得税不包括以下交易或事项产生的递延所得税:

(1) 直接计入所有者权益的交易或事项产生的递延所得税。该类交易或事项产生的递延所得税资产或递延所得税负债及其变化也应直接计入所有者权益,不构成利润表中的递延所得税费用。

(2) 企业合并中产生的递延所得税。企业合并中取得的资产、负债,其账面价值与计税基础不同,应确认相关递延所得税的,该递延所得税的确认影响合并中产生的商誉或是计入合并当期损益的金额,不影响所得税费用。

1. 计算确定当期应交所得税

当期应交所得税是在会计利润的基础上,按照税法规定进行纳税调整后计算确定的,具体调整方法如下:

应纳税所得额=会计利润+已计入利润表但计税时不允许税前扣除的费用
　　　　　　±计入利润表的费用与计税时准予税前扣除的金额之间的差额
　　　　　　±计入利润表的收入与应计入应纳税所得额的收入之间的差额
　　　　　　-税法规定的免税收入±其他需要调整的因素

当期应交所得税=应纳税所得额×适用的所得税税率

2. 确定所得税费用

计算确定了当期所得税及递延所得税以后,利润表中应予确认的所得税费用为两者之和,即:

所得税费用=当期所得税+递延所得税

知 识 训 练

一、单项选择题

1. 2023年5月1日,甲公司与乙公司签订一项销售合同,甲公司向乙公司销售A、B两种型号产品,合同总价款为300万元。其中,A产品的单独售价为210万元,B产品的单独售价为120万元。假设A、B两种产品分别构成单项履约义务。不考虑其他因素,甲公司销售A产品分摊的交易价格为(　　)万元。(计算结果保留两位小数。)
   A. 190.91　　　　　　　　　　B. 120
   C. 180　　　　　　　　　　　 D. 200

2. 下列事项中,通常能构成单项履约义务的是(　　)。
   A. 签订商品买卖合同之前提供的运输服务
   B. 与商品售卖有关的相关手续全部办妥,各种款项也均已收付之后提供的运输服务
   C. 为销售电梯提供的安装服务,该安装服务需按照客户定制要求修改

D. 甲公司为乙公司承建厂房和生产线后发生的联合试车活动

3. 企业与客户之间的合同在同时满足收入确认条件的情况下，企业通常应当在（　　）确认收入。

A. 商品运抵客户时
B. 双方签订合同时
C. 客户取得相关商品控制权时
D. 双方制订购销计划时

4. 甲公司本年度委托乙商店代销一批零配件，代销价款为300万元（不含增值税）。本年度收到乙商店交来的代销清单，代销清单列明已销售代销零配件的70%，甲公司收到代销清单时向乙商店开具增值税发票。乙商店按代销价款的5%收取手续费。该批零配件的实际成本为180万元。则甲公司本年度因此项业务应确认的销售收入为（　　）万元。

A. 300
B. 180
C. 210
D. 120

5. 委托方采用支付手续费的方式委托代销商品，委托方在收到代销清单后应按（　　）确认收入。

A. 销售价款和增值税之和
B. 商品的进价
C. 销售价款和手续费之差
D. 商品售价

6. 发出不符合收入确认条件的商品时，应借记（　　）。

A. 主营业务成本
B. 库存商品
C. 发出商品
D. 在途物资

7. 以下事项不影响主营业务收入确认金额的是（　　）。

A. 销售商品发生的销售折让
B. 销售商品发生的销售退回
C. 销售商品发生的商业折扣
D. 销售商品款项尚未收到

8. 下列有关销售商品收入的处理中，不正确的是（　　）。

A. 在采用收取手续费的委托代销方式下销售商品，发出商品时不确认收入
B. 售出的商品被退回时，直接冲减退回当期的收入、成本、税金等相关项目
C. 已经确认收入的售出商品发生销售退回时，不属于资产负债表日后事项的，应冲减当期收入，但不需要调整成本
D. 已经确认收入的售出商品发生销售退回时，属于资产负债表日后事项的，应追溯调整

9. 下列各项中，关于销售商品并提供现金折扣的会计处理正确的是（　　）。

A. 实际收到款项时，应将发生的现金折扣计入营业外支出
B. 确认应收账款时，应扣除预计可能发生的现金折扣
C. 确认销售收入时，应扣除预计可能发生的现金折扣
D. 实际收到款项时，应将发生的现金折扣计入财务费用

10. 甲企业为增值税一般纳税人，适用的增值税税率为13%。2023年6月1日，甲企业向购货方销售产品200件，每件不含增值税的销售价格为40元，单位成本为20元，给予购货方10%的商业折扣。为提早收到货款，双方约定现金折扣条件为2/10,1/20,n/30，计算现金折扣时不考虑增值税。该项销售业务属于在某一时点履行的履约义务。购货方于6月12日交付货款，甲企业实际收取的款项为（　　）元。

A. 7 200
B. 8 000

C. 8 064　　　　　　　　　　D. 8 136

11. 甲公司2023年11月10日与A公司签订一项生产线维修合同。合同规定,该维修总价款为90.4万元(含增值税额,增值税税率为13%),合同期为6个月。合同签订日预收价款50万元,至12月31日,已实际发生维修费用35万元,预计还将发生维修费用15万元。甲公司预计履约进度为65%,提供劳务的履约进度能够可靠地估计,则甲公司2023年末应确认的劳务收入是(　　)万元。
　　A. 80　　　　　　　　　　B. 56
　　C. 52　　　　　　　　　　D. 37

12. 关于合同成本,下列表述不正确的是(　　)。
　　A. 合同成本包括合同取得成本和合同履约成本
　　B. 合同取得成本核算企业取得合同发生的预计能够收回的增量成本
　　C. 合同履约成本核算企业为履行合同所发生的一些成本
　　D. 合同取得成本和合同履约成本均为损益类科目

13. 2023年5月,甲酒店计提与酒店经营直接相关的固定资产折旧共计250 000元,土地使用权摊销80 000元,发生管理费用50 000元。当月取得含税收入530 000元。提供酒店服务适用的增值税税率为6%。不考虑其他因素,甲酒店当月的营业利润为(　　)元。
　　A. 170 000　　　　　　　　B. 150 000
　　C. 500 000　　　　　　　　D. 120 000

14. 2023年5月,甲酒店计提与酒店经营直接相关的固定资产折旧共计250 000元,土地使用权摊销80 000元,发生管理费用50 000元。不考虑其他因素,甲酒店当月应确认的合同履约成本为(　　)元。
　　A. 250 000　　　　　　　　B. 330 000
　　C. 380 000　　　　　　　　D. 300 000

15. 甲公司是一家装潢设计公司,其通过竞标赢得一个新客户。公司为取得该客户的合同发生的下列支出中,属于为取得合同发生的增量成本的是(　　)。
　　A. 因投标发生的投标费和差旅费为3万元
　　B. 聘请外部律师进行尽职调查的支出为6万元
　　C. 如果取得该新客户,将支付市场拓展部员工佣金2万元,甲公司预期这些支出未来能够收回
　　D. 根据其年度盈利目标,整体盈利情况及个人业绩等向业务部门经理支付年度奖金30万元

16. 下列各项费用,不应计入"管理费用"的是(　　)。
　　A. 离退休人员的工资　　　　B. 业务招待费
　　C. 发出商品途中的保险费　　D. 管理部门固定资产折旧

17. 企业发生的下列各项支出,计入"财务费用"的是(　　)。
　　A. 财务人员的工资　　　　　B. 销售商品发生的销售折让
　　C. 商业汇票贴现发生的贴现息　D. 满足资本化条件的长期借款利息

18. 下列各项中,不属于期间费用的是(　　)。
　　A. 管理部门固定资产维修费　B. 预计产品质量保证损失

C. 因违约支付的赔偿款   D. 汇兑损益

19. 生产用固定资产达到预定可使用状态后发生的专门借款费用应计入(　　)。

A. 制造费用   B. 财务费用
C. 管理费用   D. 固定资产

20. 某公司1月发生如下支出：办公楼计提折旧100万元，生产设备改良支出40万元，管理设备修理费20万元，专设销售机构房屋修理费50万元。该公司1月应计入管理费用的金额是(　　)万元。

A. 100   B. 120
C. 170   D. 210

21. 企业某年营业收入为2 000万元，营业成本为1 200万元，税金及附加为150万元，三项期间费用合计为250万元，资产减值损失为100万元，公允价值变动净收益为200万元，投资收益为400万元，营业外收入为180万元，营业外支出为230万元，所得税费用为300万元。该企业当年的营业利润为(　　)万元。

A. 400   B. 550
C. 850   D. 900

22. 直接计入所有者权益的交易或事项，相关资产、负债的账面价值与计税基础之间形成暂时性差异的，应当确认递延所得税资产或递延所得税负债，同时计入(　　)。

A. 所得税费用   B. 公允价值变动损益
C. 其他综合收益   D. 盈余公积

23. 企业某年营业收入为2 000万元，营业成本为1 200万元，税金及附加为150万元，三项期间费用合计为250万元，资产减值损失为100万元，公允价值变动净收益为200万元，投资收益为400万元，营业外收入为180万元，营业外支出为230万元，所得税费用为300万元。该企业的净利润为(　　)万元。

A. 400   B. 550
C. 850   D. 900

24. 甲公司于2023年年初以150万元取得一项交易性金融资产，2023年年末该项交易性金融资产的公允价值为200万元。假定税法规定对于交易性金融资产，持有期间公允价值的变动不计入应纳税所得额，出售时，一并计算应计入应纳税所得额的金额，则该项交易性金融资产在2023年年末的计税基础为(　　)万元。

A. 150   B. 200
C. 50   D. 350

25. A企业于2023年1月购入一项无形资产，入账价值为150万元，会计上采用直线法按照10年进行摊销，税法规定采用年数总和法按5年进行摊销。2023年年末该无形资产计税基础为(　　)万元。

A. 135   B. 150
C. 100   D. 90

26. 下列项目中，会产生暂时性差异的是(　　)。

A. 因漏税受到税务部门处罚而支付的罚款
B. 非公益性捐赠支出

C. 取得国债利息收入
D. 企业对产品计提的产品质量保证费用

27. A企业于2023年12月开始研发的一项无形资产B于当期期末达到预定可使用状态（尚未开始摊销），整个开发过程中，研究阶段支出为100万元，开发阶段支出为60万元（均符合资本化条件），按照税法规定，相关研发支出中研究阶段支出可以在当期加计税前扣除，开发阶段发生的符合资本化条件的部分，可以加计按175%在以后期间分期摊销。假设上述无形资产当期均未计提减值准备，预计净残值均为0。2023年年末该无形资产的计税基础为（　　）万元。

A. 160　　　　　　　　　　　　B. 60
C. 150　　　　　　　　　　　　D. 105

28. 甲企业于2022年12月11日购入一栋写字楼，并于当日对外出租，采用公允价值模式进行后续计量，成本为1 500万元，税法上对该写字楼采用直线法计提折旧，预计使用年限为30年，预计净残值为0。2023年年末，其公允价值为1 600万元。甲企业适用的所得税税率为25%，假定税法规定投资性房地产公允价值的变动不计入应纳税所得额。期末该投资性房地产产生的所得税影响为（　　）万元。

A. 确认递延所得税负债150
B. 不需确认递延所得税资产或递延所得税负债
C. 确认递延所得税负债37.5
D. 确认递延所得税资产37.5

29. 甲企业因销售产品承诺提供5年的保修服务，期初"预计负债——产品保修费用"科目余额为800万元，2023年度利润表中确认了1 000万元的销售费用，同时确认为预计负债，当年实际支出产品保修支出600万元。按照税法规定，与产品售后服务相关的费用在实际发生时允许税前扣除。不考虑其他因素，则2023年12月31日的可抵扣暂时性差异余额为（　　）万元。

A. 800　　　　　　　　　　　　B. 1 200
C. 600　　　　　　　　　　　　D. 1 000

30. 甲公司2023年实现利润总额为1 000万元，由于违法经营支付罚款50万元，由于会计采用的折旧方法与税法规定不同，当期会计比税法规定少计提折旧250万元。2023年年初递延所得税负债的余额为65万元（假定均为固定资产产生）；年末固定资产账面价值为5 300万元，其计税基础为5 000万元。除上述差异外没有其他纳税调整事项和差异。适用的所得税税率为25%。甲公司2023年的净利润为（　　）万元。

A. 750　　　　　　　　　　　　B. 725
C. 800　　　　　　　　　　　　D. 790

31. 下列项目中通过营业外收入核算的是（　　）。

A. 确实无法支付的应付账款　　B. 销售商品收入
C. 销售原材料收入　　　　　　D. 出租包装物收入

32. 下列事项不应确认为营业外支出的是（　　）。

A. 公益性捐赠支出　　　　　　B. 罚款支出
C. 固定资产盘亏损失　　　　　D. 固定资产减值损失

33. 下列关于"本年利润"账户的表述中不正确的是(　　)。
    A. 贷方登记营业收入、营业外收入等转入的金额
    B. 借方登记营业成本、营业外支出等转入的金额
    C. 年度终了结账后,该账户无余额
    D. 全年的任何一个月末都不应有余额
34. 不能转入"本年利润"账户借方的是(　　)账户。
    A. 生产成本　　　　　　　　　B. 主营业务成本
    C. 管理费用　　　　　　　　　D. 财务费用
35. 关于损失,下列说法中正确的是(　　)。
    A. 损失是指由企业日常活动所发生的、会导致所有者权益减少的经济利益的流出
    B. 损失只能计入所有者权益项目,不能计入当期损益
    C. 损失是指由企业非日常活动所形成的、会导致所有者权益减少的、与向所有者分配利润无关的经济利益的流出
    D. 损失只能计入当期损益,不能计入所有者权益项目
36. 根据税法规定,下列各项中,应予纳税调减的项目是(　　)。
    A. 股票转让净收益　　　　　　B. 国债利息收入
    C. 公司债券的利息收入　　　　D. 公司债券转让净收益
37. 下列各项不影响企业营业利润的是(　　)。
    A. 计提的工会经费　　　　　　B. 发生的业务招待费
    C. 收到退回的所得税　　　　　D. 处置投资取得的净收益

二、多项选择题

1. 下列关于履约义务发生时间的表述中,正确的有(　　)。
   A. 可能是在某一时段履行的履约义务
   B. 可能是在某一时点履行的履约义务
   C. 全部是在某一时段履行的履约义务
   D. 全部是在某一时点履行的履约义务
2. 下列关于交易价格的表述中,正确的有(　　)。
   A. 交易价格是指企业因向客户转让商品而预期有权收取的对价金额
   B. 交易价格可能是固定对价,可能是可变对价,也可能同时包含固定对价和可变对价
   C. 如果合同只有一项单项履约义务,则交易价格为合同对价与增值税之和
   D. 当一项合同存在两项单项履约义务时,应将交易价格在二者之间分摊
3. 下列各项中,属于与收入确认和计量有关的步骤的有(　　)。
   A. 识别与客户订立的合同
   B. 识别合同中的单项履约义务
   C. 将交易价格分摊至各单项履约义务
   D. 履行各单项履约义务时确认收入
4. 客户取得商品控制权包括的相关要素有(　　)。

A. 必须拥有现时权利,能够主导该商品的使用并从中获得几乎全部经济利益

B. 有能力主导该商品的使用

C. 必须已经取得商品实物

D. 能够获得几乎全部的经济利益

5. 下列各项中,关于采用支付手续费方式委托代销商品会计处理表述正确的有( )。

A. 委托方通常在收到受托方开出的代销清单时确认销售商品收入

B. 委托方发出商品时应按约定的售价借记"发出商品"科目

C. 受托方应在代销商品销售后按照双方约定的手续费确认收入

D. 受托方确认的手续费收入应计入"其他业务收入"或"主营业务收入"科目

6. A企业于2023年5月1日销售一批商品给B企业,不含税售价为500万元,增值税税率为13%。由于B企业购货数量较多,给予10%的商业折扣,同时给予的现金折扣条件(现金折扣的计算不考虑增值税)为2/10,1/20,n/30。该项销售业务属于在某一时点履行的履约义务,商品已于当日发出。5月15日,A企业收到B企业支付的货款,下列处理中正确的有( )。

A. A企业于2023年5月1日确认的应收账款的金额为508.5万元

B. A企业于2023年5月15日确认的主营业务收入的金额为450万元

C. B企业享受的现金折扣金额为4.5万元

D. A企业5月15日实际收到的货款金额为504万元

7. 下列各项中,构成应收账款入账价值的有( )。

A. 确认商品销售收入时尚未收到的价款

B. 代购货方垫付的包装费

C. 代购货方垫付的运杂费

D. 销售货物发生的商业折扣

8. 下列各项关于现金折扣、商业折扣、销售折让的会计处理的表述中,不正确的有( )。

A. 现金折扣在实际发生时计入财务费用

B. 现金折扣在确认销售收入时计入财务费用

C. 已确认收入的售出商品发生销售退回的,通常应当在发生时冲减当期销售商品收入和成本

D. 商业折扣在确认销售收入时计入销售费用

9. 下列各项中,工业企业应确认为其他业务收入的有( )。

A. 对外销售材料收入

B. 出售专利所有权收入

C. 出售营业用房净收益

D. 转让商标使用权收入

10. 对于在某一时段内履行的履约义务的收入确认方法,下列表述正确的有( )。

A. 企业应当在该段时间内按照履约进度确认收入,履约进度不能合理确定的除外

B. 在确定履约进度时,不应当扣除那些控制权尚未转移给客户的商品和服务

C. 企业可以采用实际测量的完工进度确定履约进度

D. 企业可以从产出指标和投入指标的角度确定履约进度

11. 可以作为主营业务收入抵减项目的是（　　）。

A. 商业折扣 　　　　　　　　　B. 现金折扣

C. 销售退回 　　　　　　　　　D. 销售折让

12. 下列关于费用特点表述正确的有（　　）。

A. 费用是企业在日常活动中发生的经济利益的总流出

B. 费用会导致企业所有者权益减少

C. 费用导致的经济利益流出与向所有者分配利润无关

D. 费用与向所有者分配利润有关

13. 下列各项中应在发生时确认为期间费用的有（　　）。

A. 管理人员工资支出 　　　　　B. 广告费用支出

C. 固定资产安装工人工资支出 　D. 专设销售机构职工工资支出

14. 下列各项可以计入管理费用的有（　　）。

A. 企业筹建期间的开办费 　　　B. 生产车间固定资产折旧费

C. 管理部门的固定资产折旧费 　D. 印花税

15. 下列各项费用，应计入销售费用的有（　　）。

A. 费用化的利息支出 　　　　　B. 业务招待费

C. 广告费 　　　　　　　　　　D. 展览费

16. 下列各项中，属于费用的有（　　）。

A. 销售商品等日常活动中发生的成本 　B. 预计产品质量保修费用

C. 企业发生的现金折扣 　　　　D. 因违约支付的赔偿款

17. 下列各项中，应计入财务费用的有（　　）。

A. 企业发行股票支付的手续费 　B. 企业支付的银行承兑汇票手续费

C. 企业购买商品时取得的现金折扣 　D. 企业销售商品时发生的现金折扣

18. 下列各项中，应计入税金及附加的有（　　）。

A. 印花税 　　　　　　　　　　B. 销售商品应交的增值税

C. 销售应税产品的资源税 　　　D. 销售应税消费品应交的消费税

19. 下列各项中，属于"其他业务成本"科目核算的内容有（　　）。

A. 经营租出固定资产计提的折旧 　B. 经营租出无形资产的服务费

C. 销售材料结转的材料成本 　　D. 出售无形资产结转的无形资产的摊余价值

20. 根据《企业会计准则第 18 号——所得税》的规定，下列表述正确的内容有（　　）。

A. 企业应交的罚款和滞纳金等，在尚未支付之前按照会计规定确认为费用，同时作为负债反映，税法规定罚款和滞纳金不能税前扣除，所以其计税基础为零

B. 负债的计税基础是指负债的账面价值减去未来期间计算应纳税所得额时按照税法规定可予抵扣的金额

C. 通常情况下，资产在取得时其入账价值与计税基础是相同的，后续计量过程中因企业会计准则规定与税法规定不同，可能造成账面价值与计税基础的差异

D. 通常情况下，短期借款、应付票据、应付账款等负债的确认和偿还，不会对当期损益

和应纳税所得额产生影响,其计税基础即为其账面价值

21. 下列各种情况中,会产生应纳税暂时性差异的有( )。
   A. 资产的账面价值大于其计税基础　　B. 资产的账面价值小于其计税基础
   C. 负债的账面价值大于其计税基础　　D. 负债的账面价值小于其计税基础

22. 下列各事项中,会产生暂时性差异的有( )。
   A. 对存货计提减值准备
   B. 期末可其他权益工具投资的公允价值发生变动
   C. 企业的非公益性对外捐赠支出
   D. 企业违反合同协议而支付违约金

23. 下列各项中,影响企业利润表"所得税费用"项目金额的有( )。
   A. 当期确认的应交所得税
   B. 因对存货计提存货跌价准备而确认的递延所得税资产
   C. 因其他权益工具投资公允价值上升而确认的递延所得税负债
   D. 因交易性金融资产公允价值上升而确认的递延所得税负债

24. 甲公司2023年发生了2 000万元的广告费用,在发生时已作为销售费用计入当期损益,税法规定广告费支出不超过当年销售收入15%的部分,准予扣除;超过部分允许向以后年度结转税前扣除。2023年实现销售收入10 000万元,会计利润为7 500万元。甲公司所得税税率为25%,不考虑其他纳税调整。甲公司2023年年末应确认( )。
   A. 递延所得税负债250万元　　B. 应交所得税2 000万元
   C. 所得税费用1 875万元　　　D. 递延所得税资产125万元

25. 下列各项中能够增加企业当期营业外收入的有( )。
   A. 捐赠收入　　　　　　　　B. 罚款收入
   C. 政府补助形成的递延收益摊销额　　D. 盘盈的固定资产

26. 下列各项中属于营业外支出的有( )。
   A. 报废固定资产净损失　　　B. 报废无形资产净损失
   C. 水灾损失　　　　　　　　D. 捐赠设备支出

27. 下列各项中可能引起应纳税所得额调整的有( )。
   A. 滞纳金罚款　　　　　　　B. 非公益性捐赠
   C. 业务招待费　　　　　　　D. 国债利息收入

28. 下列关于表结法的表述,正确的有( )。
   A. 增加了转账环节和工作量
   B. 各损益类科目月末只需结计出本月发生额和月末累计余额
   C. 年末时将全年累计损益类科目余额转入本年利润
   D. 不影响有关损益指标的利用

29. 下列各项中,影响企业营业利润的有( )。
   A. 报废无形资产净收益　　　B. 交易性金融资产期末公允价值上升
   C. 接受公益性捐赠利得　　　D. 办公用固定资产的折旧额

30. 下列各项中,影响净利润的有( )。
   A. 计提专设销售部门固定资产折旧

B. 出售投资性房地产取得的收入
C. 购买交易性金融资产时支付的相关税费
D. 长期股权投资采用权益法核算时被投资方所有者权益中资本公积总额发生变动

31. 下列各项中,影响当期利润表中利润总额的有(　　)。
   A. 交纳税收滞纳金　　　　　　B. 固定资产盘盈
   C. 长期股权投资收益　　　　　D. 无形资产出售利得

32. 企业为取得销售合同发生的且由企业承担的下列支出,应在发生时计入当期损益的有(　　)。
   A. 尽职调查发生的费用　　　　B. 投标活动发生的交通费
   C. 投标文件制作费　　　　　　D. 招标文件购买费

33. 下列关于合同取得成本的表述中,正确的有(　　)。
   A. 增量成本预期能收回的,应确认为一项资产
   B. 已确认为资产的增量成本,应当采用与其相关的商品收入确认相同的基础进行摊销
   C. 企业在取得合同过程中发生的差旅费,应计入"合同取得成本"科目
   D. 企业为取得合同发生的除预期能够收回的增量成本之外的其他支出,即使这些支出由客户承担,也应计入当期损益

三、判断题

1. 收入确认五步法中"履行各单项履约义务时确认收入",主要与收入的确认有关。(　　)
2. 企业应按五步法确认所有合同收入,每个步骤缺一不可。(　　)
3. 企业代第三方收取的款项(如增值税)以及企业预期将退还给客户的款项,应计入交易价格。(　　)
4. 企业采用支付手续费方式委托代销商品,委托方应在发出商品时确认销售商品收入。(　　)
5. 支付手续费方式委托代销商品,委托方收到代销清单时确认销售商品收入,同时将应支付的代销手续费计入当期管理费用。(　　)
6. 资产负债表日,企业应按合同的交易价格总额乘以履约进度确认当期收入。(　　)
7. 合同履约成本属于资产类科目。(　　)
8. 企业为取得合同发生的除预期能够收回的增量成本之外的其他支出,应当在发生时计入合同履约成本。(　　)
9. 管理费用、销售费用、财务费用和制造费用均属于期间费用。(　　)
10. 财务费用是指企业为筹集生产经营所需资金等发生的筹资费用,包括利息支出(减利息收入)、汇兑损益以及相关手续费、企业发生或收到的现金折扣等。(　　)
11. 收回出租包装物因不能使用而报废的残料价值应通过销售费用核算。(　　)
12. 企业生产经营期间的长期借款利息支出应该全部计入财务费用中。(　　)
13. 企业取得交易性金融资产时支付的相关税费计入财务费用。(　　)
14. 随同产品出售单独计价的包装物,应于包装物发出时,作为包装费用计入其他业务

成本。( )

15. 企业内部研发形成的无形资产,在初始确认时账面价值和计税基础之间存在差异,企业应确认相应的递延所得税。( )

16. 按照《企业会计准则第18号——所得税》的规定,企业利润表的所得税费用等于当期应纳税所得额乘以所得税税率。( )

17. 企业商品已发出,售价由购销双方按调查到的市场价格作为成交价,在未取得市场价格前,销货方暂不确认收入。( )

18. 资产账面价值大于其计税基础,产生可抵扣暂时性差异;负债账面价值小于其计税基础,产生应纳税暂时性差异。( )

19. 年度终了,"利润分配"各明细科目均无余额。( )

20. 利润总额扣除本期应交所得税,即为本期净利润。( )

21. 投资收益、公允价值变动损益和营业外收入均不影响营业利润。( )

22. 所得税是企业根据应纳税所得额的一定比例上交的一种税金。应纳税所得额是在企业税前会计利润(即利润总额)的基础上调整确定的。( )

23. 企业发生毁损的固定资产的净损失,应计入营业外支出科目,最终影响净利润的计算。( )

24. 企业出售无形资产、固定资产和投资性房地产所取得的净收益,均属于企业利得,计入营业外收入。( )

四、计算分析题

1. 甲公司在2023年4月1日向乙公司销售一批商品,开出的增值税专用发票上注明的售价为100 000元,增值税额为13 000元。该批商品成本为64 000元。为及早收回货款,甲公司和乙公司约定的现金折扣条件为2/10,1/20,n/30。乙公司在2023年4月8日支付货款。2023年5月15日,该批商品因质量问题被乙公司退回,甲公司当日支付有关退货款。假定计算现金折扣时不考虑增值税。

要求:

根据上述资料,编制相关的会计分录。

2. 甲公司委托乙公司销售商品 300 件,商品已经发出,每件成本为 50 元。合同约定乙公司应按每件 100 元对外销售,甲公司按售价的 10%向丙公司支付手续费,手续费增值税税率为 6%。乙公司对外实际销售 150 件,开出的增值税专用发票上注明的销售价格为 15 000 元,增值税额为 1 950 元,款项已经收到。甲公司收到乙公司开具的代销清单时,向乙公司开具一张相同金额的增值税专用发票。

要求:

根据上述资料,编制相关的会计分录。

3. 甲公司于 2023 年 12 月 1 日接受一项设备安装任务,安装期为 5 个月,合同总收入为 500 000 元,至年底已预收安装费 300 000 元,实际发生安装费用 245 000 元(假定均为安装人员薪酬),估计完成安装任务还需要发生安装费用 105 000 元。假定甲公司按实际发生的成本占估计总成本的比例确定安装的履约进度。

要求:

根据上述资料,编制相关的会计分录。

4. 甲公司2023年损益类科目的年末余额如下（该企业采用表结法年末一次结转损益类科目，所得税税率为25%）：

科目名称	结账前余额
主营业务收入	4 000 000 元（贷）
其他业务收入	600 000 元（贷）
公允价值变动损益	120 000 元（贷）
投资收益	300 000 元（贷）
营业外收入	150 000 元（贷）
主营业务成本	2 200 000 元（借）
其他业务成本	350 000 元（借）
税金及附加	60 000 元（借）
销售费用	320 000 元（借）
管理费用	530 000 元（借）
财务费用	200 000 元（借）
资产减值损失	100 000 元（借）
营业外支出	220 000 元（借）

要求：

编制甲公司2023年年末关于本年利润的会计分录，无纳税调整事项。

5. 甲公司 2023 年利润总额为 600 万元,适用的所得税税率为 25%,递延所得税资产和递延所得税负债账户期初余额均为 0,该公司当年会计与税法之间的差异包括以下事项:

(1) 取得国债利息收入 50 万元;

(2) 因违反税收政策支付罚款 10 万元;

(3) 交易性金融资产公允价值变动收益 15 万元;

(4) 本期提取存货跌价准备 25 万元;

(5) 预计产品质量保证费用 30 万元。

甲公司 2023 年 12 月 31 日资产负债表中的部分项目情况如表 13.2 所示。

表 13.2 甲公司资产负债表中的部分项目情况　　　　单位:元

项　目	账面价值	计税基础	应纳税暂时性差异	可抵扣暂时性差异
交易性金融资产	2 350 000	2 200 000		
存货	1 550 000	1 800 000		
预计负债	300 000	0		

要求:

(1) 计算甲公司 2023 年度的应纳税所得额和应交所得税;

(2) 计算甲公司 2023 年度的应纳税暂时性差异和可抵扣暂时性差异;

(3) 计算甲公司 2023 年度应确认的递延所得税资产和递延所得税负债;

(4) 计算甲公司 2023 年度应确认的所得税费用;

(5) 编制甲公司 2023 年度确认所得税费用和递延所得税资产及递延所得税负债的会计分录。

6. 甲公司于 2023 年 1 月 1 日开始研发某项新型技术,共发生各种支出总计 100 万元,其中,符合资本化条件的支出为 60 万元。2023 年 12 月 31 日,该项新型技术达到预定用途。按照税法规定,甲公司上述研发支出中费用化部分可以按 75% 于当期加计扣除,对于资本化支出按 175% 在以后期间按期摊销。无形资产采用直线法进行摊销,使用寿命为 5 年,预计无残值,摊销方法及年限等与税法上相同。甲公司适用的所得税税率为 25%。甲公司 2023 年和 2024 年实现的税前会计利润分别为 700 万元和 900 万元。甲公司在 2023 年和 2024 年均无其他纳税调整事项,假定无形资产从 2024 年 1 月开始摊销。

要求:
(1) 确定无形资产的入账价值并做相应的会计处理;
(2) 编制甲公司 2023 年的相关会计分录;
(3) 编制甲公司 2024 年的相关会计分录。

五、综合题

1. 皖兴公司 1 月份发生下列有关经济业务:
(1) 3 日,签发转账支票支付咨询机构咨询费 780 元;
(2) 5 日,签发转账支票支付推广产品的广告费 1 500 元;
(3) 6 日,用现金购买印花税票 150 元;
(4) 6 日,公司购买材料采用银行承兑汇票办理结算,支付银行承兑手续费 1 500 元;
(5) 9 日,公司收到某债务单位在现金折扣期内偿还的账款,应收账款为 117 000 元,发生现金折扣 2 340 元,实收 114 660 元存入银行;
(6) 11 日,用银行存款支付办公楼维修费 1 280 元;
(7) 15 日,行政管理部门领用辅助材料一批,实际成本为 1 800 元;
(8) 15 日,专设销售机构业务员出差归来,报销差旅费 560 元,交回现金 40 元;
(9) 31 日,分配结转企业行政管理部门职工本月薪酬 38 800 元,专设销售机构职工本月薪酬 8 800 元;
(10) 31 日,将本月期间费用转入"本年利润"账户。

要求：

做出上述经济业务的会计分录。

2. 甲公司 2023 年度有关所得税会计处理的资料如下：

(1) 本年度实现税前会计利润 300 万元；

(2) 取得国债利息收入 10 万元；

(3) 持有的一项交易性金融资产期末公允价值上升 25 万元；

(4) 持有的一项其他权益工具投资期末公允价值上升 30 万元；

(5) 计提存货跌价准备 8 万元；

(6) 本年度开始计提折旧的一项管理用固定资产，成本为 100 万元，使用寿命为 5 年，预计净残值为 0，按直线法计提折旧，税法规定的使用年限为 10 年，假定税法规定的折旧方法及净残值与会计规定相同(2023 年度除上述事项外，无其他纳税调整事项)。适用的所得税税率为 25%。

要求：

(1) 采用资产负债表债务法计算本年度应交所得税；

(2) 计算本期应确认的递延所得税资产或递延所得税负债金额；

(3) 计算 2023 年利润表中列示的所得税费用，并做出相关的会计分录。

项目十四　财务报告

学习指导

一、财务报表的概念和组成

财务报表是企业财务状况、经营成果和现金流量的结构性表述。一套完整的财务报表包括资产负债表、利润表、现金流量表、所有者权益变动表(或股东权益变动表)和附注。

二、资产负债表的内容、结构和编制方法

资产负债表反映企业某一会计期末资产、负债和所有者权益情况。我国企业资产负债表采用账户式结构,左方为资产,右方为负债和所有者权益。在资产负债表中,资产项目按照流动性由大到小分类列示,负债项目按照流动性由大到小分类列示,所有者权益项目按永久性由大到小列示。资产负债表各项目主要有按照总账科目余额、按照明细科目余额直接或分析填列,根据总账及相关备抵科目余额分析填列等方法。

三、利润表的内容、结构和编制方法

利润表反映某一会计期间实现的损益情况。我国企业利润表采用多步式进行编制。利润表中可反映营业利润、利润总额和净利润金额,利润表项目一般按其发生额填列。

四、附注的内容

附注是财务报表不可或缺的组成部分,是对资产负债表、利润表、现金流量表和所有者权益变动表等报表中列示项目的文字描述或明细资料,以及对未能在这些报表中列示项目的说明等。

知 识 训 练

一、单项选择题

1. 下列资产负债表项目中,可直接根据有关总账余额填列的是( )。
   A. 固定资产　　　　　　　　B. 交易性金融资产
   C. 存货　　　　　　　　　　D. 长期借款

2. 乙企业"原材料"科目借方余额为 300 万元,"生产成本"科目借方余额为 200 万元,"库存商品"科目借方余额为 500 万元,"存货跌价准备"科目贷方余额为 80 万元,该企业期末资产负债表中"存货"项目应填列的金额为( )万元。
   A. 1 000　　　　　　　　　B. 920
   C. 800　　　　　　　　　　D. 720

3. 某企业 2023 年 12 月 31 日固定资产账户余额为 2 000 万元,累计折旧账户余额为 800 万元,固定资产减值准备账户余额为 100 万元,在建工程账户余额为 200 万元。该企业 2023 年 12 月 31 日资产负债表中固定资产项目的金额为( )万元。
   A. 1 200　　　　　　　　　B. 90
   C. 1 100　　　　　　　　　D. 2 200

4. 资产负债表中货币资金项目中包含的项目是( )。
   A. 银行本票存款　　　　　　B. 银行承兑汇票
   C. 商业承兑汇票　　　　　　D. 交易性金融资产

5. 某企业"应收账款"总账科目月末借方余额为 300 万元,其中,"应收甲公司账款"明细科目借方余额为 350 万元,"应收乙公司账款"明细科目贷方余额为 50 万元;"预收账款"科目月末贷方余额为 300 万元,其中,"预收 A 工厂账款"明细科目贷方余额为 500 万元,"预收 B 工厂账款"明细科目借方余额为 200 万元。与应收账款有关的"坏账准备"明细科目贷方余额为 10 万元,与其他应收款有关的"坏账准备"明细科目贷方余额为 5 万元。该企业月末资产负债表中"预收款项"项目的金额为( )万元。
   A. 300　　　　　　　　　　B. 590
   C. 550　　　　　　　　　　D. 585

6. "预付账款"科目明细账中若有贷方余额,应将其计入资产负债表中的( )项目。
   A. 应收账款　　　　　　　　B. 预收款项
   C. 应付账款　　　　　　　　D. 其他应付款

7. 某企业 2023 年发生的营业收入为 200 万元,营业成本为 100 万元,销售费用为 10 万元,管理费用为 20 万元,财务费用为 5 万元,投资净收益为 20 万元,资产减值损失为 10 万元(损失),公允价值变动损益为 30 万元(收益),营业外收入为 8 万元,营业外支出为 7 万元。该企业 2023 年的营业利润为( )万元。

A. 108 B. 105
C. 85 D. 100

8. 下列税金中,应在利润表中的"税金及附加"项目反映的是( )。
   A. 车船税 B. 增值税
   C. 印花税 D. 房产税

9. 下列资产负债表项目中,应根据多个总账科目余额计算填列的是( )。
   A. 应付账款 B. 应收账款
   C. 货币资金 D. 长期借款

10. 下列项目中,不属于流动负债的有( )。
    A. 应付职工薪酬 B. 预收款项
    C. 一年内到期的非流动负债 D. 预付款项

11. 下列各项中,不影响营业利润的项目有( )。
    A. 已销商品成本 B. 原材料销售收入
    C. 出售固定资产净收益 D. 转让股票所得收益

12. 下列各项中,不属于筹资活动产生的现金流量的有( )。
    A. 收到投资者分派的现金股利 B. 取得短期借款
    C. 增发股票收到的现金 D. 偿还公司债券支付的现金

13. 下列交易和事项中,影响当期经营活动产生的现金流量的有( )。
    A. 用产成品偿还短期借款 B. 支付在建工程人员工资
    C. 收到被投资单位利润 D. 支付各项税费

14. 企业的下列现金支出中,不属于投资活动产生的现金流量的是( )。
    A. 支付在建工程人员的职工薪酬
    B. 购买机器设备所支付的增值税款
    C. 为购建固定资产、无形资产而发生的借款利息资本化部分
    D. 购买长期股权投资而支付的价款

15. A公司资产负债表日"长期应付款"总账科目余额为850万元,其中将于一年内到期的长期应付款为80万元,一年以后到期的长期应付款对应的"未确认融资费用"科目余额为43万元,不考虑其他因素,则A公司期末资产负债表中"长期应付款"项目的金额为( )万元。
    A. 727 B. 807
    C. 770 D. 740

16. 资产负债表中的"未分配利润"项目,应根据( )填列。
    A. "利润分配"科目余额
    B. "本年利润"科目余额
    C. "本年利润"和"利润分配"科目的余额计算后
    D. "盈余公积"科目余额

二、多项选择题

1. 长期借款不应该按照（　　）方法填列。
   A. 根据总账科目余额填列
   B. 根据明细账科目余额计算填列
   C. 根据总账科目和明细账科目余额分析计算填列
   D. 根据有关科目余额减去其备抵科目余额后的净额填列

2. 资产负债表中的"应收账款"项目应根据（　　）填列。
   A. 应收账款所属明细账借方余额合计
   B. 预收账款所属明细账借方余额合计
   C. 应收账款余额一定比例计提的坏账准备科目的贷方余额
   D. 应收账款总账科目借方余额

3. 资产负债表的数据来源，可以通过以下几种方式获得（　　）。
   A. 直接从总账科目的余额获得
   B. 根据明细科目的余额分析获得
   C. 根据几个总账科目的余额合计获得
   D. 根据有关科目的余额分析获得

4. 下列各项中，应包括在资产负债表"存货"项目的有（　　）。
   A. 委托代销商品成本
   B. 委托加工材料成本
   C. 正在加工中的在产品成本
   D. 发出商品

5. 下列项目中，属于流动负债的有（　　）。
   A. 其他应付款
   B. 应交税费
   C. 一年内到期的非流动负债
   D. 预付款项

6. 工业企业交纳的下列各种税金中，可能通过"税金及附加"科目核算的有（　　）。
   A. 增值税销项税额
   B. 消费税
   C. 城市维护建设税
   D. 印花税

7. 企业应当在财务报表中披露的项目有（　　）。
   A. 编报企业的名称
   B. 资产负债表日或财务报表涵盖的会计期间
   C. 金额单位
   D. 财务报表是合并财务报表的，应当予以标明

8. 下列各项中，属于非流动资产的有（　　）。
   A. 其他权益工具投资
   B. 债权投资
   C. 工程物资
   D. 无形资产

9. 下列资产减值准备科目余额中，哪些不在资产负债表上单独列示？（　　）
   A. 无形资产减值准备
   B. 存货跌价准备
   C. 固定资产减值准备
   D. 长期投资减值准备

三、判断题

1. 资产负债表中的应收账款项目应根据"应收账款"所属明细账借方余额合计数、"预收账款"所属明细账借方余额合计数和"坏账准备"总账的贷方余额计算填列。（ ）
2. "应收利息"科目的期末余额,减去"坏账准备"科目中有关应收利息计提的坏账准备期末余额后的金额填列。（ ）
3. "长期股权投资"项目应根据"长期股权投资"科目的期末余额,减去"长期股权投资减值准备"科目的期末余额后的金额填列。（ ）
4. "预收款项"项目应根据"预收账款"和"应收账款"科目所属各明细科目的期末贷方余额合计数填列。如"预收账款"科目所属各明细科目期末有借方余额,应在资产负债表"应付账款"项目内填列。（ ）
5. 资产负债表中确认的资产都是企业拥有的。（ ）
6. 增值税应在利润表的税金及附加项目中反映。（ ）
7. 在现金流量表中,现金股利收入和股利支出属于投资活动的现金流量。（ ）
8. 支付管理人员工资和支付的各项税费属于经营活动现金流出内容。（ ）
9. 企业必须对外提供资产负债表、利润表和现金流量表,会计报表附注不属于企业必须对外提供的资料。（ ）

四、不定项选择题

1. 甲公司为增值税一般纳税人,适用的增值税税率为13%,2023年12月初,该公司"应收账款——乙公司"科目借方余额为30万元,"坏账准备"科目贷方余额为1.5万元。2023年12月,该公司发生相关经济业务如下：

① 3日,向乙公司销售M产品1 000件,开具的增值税专用发票上注明的价款为10万元,增值税额为1.3万元,产品已发出；销售合同规定的现金折扣条件为2/10,1/20,n/30,计算现金折扣不考虑增值税,款项尚未收到。

② 13日,向丙公司销售一批H产品,开具的增值税专用发票上注明的价款为30万元,增值税额为3.9万元,商品已发出。丙公司于10日已预付20万元,款项已存入银行。

③ 20日,收回上年度已作坏账转销的丁公司应收账款2万元,款项已存入银行。

④ 31日,经减值测试,预计应收乙公司账款发生减值,应确认减值损失为1.9万元。

要求：
根据上述资料,不考虑其他因素,分析回答下列小题。

（1）根据资料③,下列各项中,关于收回已作坏账转销的丁公司应收账款的会计处理表述正确的是(　　)。

A. "银行存款"科目借方登记2万元
B. "坏账准备"科目借方登记2万元
C. "坏账准备"科目贷方登记2万元
D. "信用减值损失"科目贷方登记2万元

(2) 根据期初资料和资料②,下列各项中,甲公司 13 日销售 H 产品的会计处理结果正确的是( )。

A. "应付账款——丙公司"科目借方金额增加 33.9 万元

B. "主营业务收入"科目贷方金额增加 30 万元

C. "应交税费——应交增值税(销项税额)"科目贷方金额增加 3.9 万元

D. "应收账款——丙公司"科目借方金额增加 13.9 万元

(3) 根据资料①,下列各项中,关于甲公司 3 日销售 M 产品的会计处理正确的是( )。

A. 确认应收账款 11.1 万元　　B. 确认主营业务收入 10 万元

C. 确认主营业务收入 9.8 万元　　D. 确认应收账款 11.3 万元

(4) 根据期初资料①至④,下列各项中,甲公司年末资产负债表相关项目年末余额填列正确的是( )。

A. "合同负债"项目为 13.9 万元　　B. "应收账款"项目为 39.4 万元

C. "应收账款"项目为 53.3 万元　　D. "合同负债"项目为 20 万元

(5) 根据期初资料①至④,下列各项中,甲公司相应会计处理结果正确的是( )。

A. 12 月末"应收账款——乙公司"账面价值为 39.4 万元

B. 12 月末"坏账准备"科目贷方余额为 1.9 万元

C. 12 月末应计提坏账准备 1.9 万元

D. 12 月末"应收账款——乙公司"科目借方余额为 41.3 万元

2. 甲公司 2023 年 1 月至 11 月的相关资料如表 14.1 所示。

表 14.1　1~11 月损益类账户余额表

名称	借方	名称	贷方
主营业务成本	1 350	主营业务收入	1 500
税金及附加	125	其他业务收入	500
管理费用	200	投资收益	30
销售费用	100	营业外收入	65
财务费用	20		
合计	1 795	合计	2 095

甲公司 2023 年 12 月发生的经济业务如下:

① 6 日,向乙公司销售 M 商品一批,增值税专用发票上注明的价款为 150 万元,增值税额为 19.5 万元,为乙公司代垫运杂费 2 万元,全部款项已办妥托收手续,该批商品成本为 100 万元,商品已经发出。

② 15 日,向丙公司销售 H 商品一批,增值税专用发票上注明的价款为 30 万元,增值税额为 3.9 万元,该批商品成本为 25 万元,合同规定的现金折扣条件为 2/10,1/20,n/30。23 日收到丙公司扣除享受现金折扣后的全部款项,并存入银行,计算现金折扣时不考虑增值税。

③ 收到丁公司退回商品一批,该批商品系上月所售,质量有瑕疵,不含增值税的售价为

60万元,实际成本为50万元,增值税专用发票已开具并交付丁公司,该批商品发出时已确认收入,但尚未收取货款,经核查,甲公司同意退货,已办妥退货手续,并向丁公司开具了红字增值税专用发票。

④31日,"应收账款"科目余额为183万元(坏账准备期初余额为零),当月经减值测试,确定期末"坏账准备——应收账款"科目应保留的贷方余额为8万元。本月共发生财务费用5万元,销售费用10万元,管理费用12万元。

要求:

根据上述资料,不考虑其他因素,分析回答下列小题(答案中的金额单位用万元表示)。

(1) 根据期初资料,下列各项中,关于甲公司1月至11月收入、费用及利润计算结果正确的是( )。

A. 营业收入为2 000万元　　　　B. 期间费用为320万元

C. 营业利润为235万元　　　　　D. 利润总额为300万元

(2) 根据资料①,下列各项中,关于甲公司向乙公司销售商品的会计处理正确的是( )。

A. 确认主营业务收入152万元　　B. 结转商品销售成本100万元

C. 确认应收账款171.5万元　　　 D. 确认其他应收款2万元

(3) 根据资料②,甲公司23日收到丙公司货款的会计处理正确的是( )。

A. 借:银行存款　　33.2
　　　财务费用　　0.7
　　　　贷:应收账款　　33.9

B. 借:银行存款　　33.9
　　　　贷:应收账款　　33.9

C. 借:银行存款　　33.6
　　　财务费用　　0.3
　　　　贷:应收账款　　33.9

D. 借:银行存款　　33.3
　　　财务费用　　0.6
　　　　贷:应收账款　　33.9

(4) 根据资料③,下列各项中,关于甲公司收到丁公司退货的会计处理表述正确的是( )。

A. 按销售价格计算的增值税借记"应交税费"科目

B. 按销售价格借记"主营业务收入"科目

C. 按商品成本贷记"主营业务成本"科目

D. 按商品成本借记"库存商品"科目

(5) 根据期初资料①至④,甲公司2023年利润总额是( )万元。

A. 319.4　　　　　　　　　　　B. 320

C. 310　　　　　　　　　　　　D. 318

参 考 文 献

[1] 高克智,王辉.初级会计实务[M].合肥:中国科学技术大学出版社,2015.
[2] 全国会计专业技术资格考试领导小组办公室.初级会计专业技术资格考试大纲[M].北京:经济科学出版社,2013.
[3] 全国会计专业技术资格考试领导小组办公室.中级会计专业技术资格考试大纲[M].北京:经济科学出版社,2013.